SPEEDKIDZZ – In letzter Sekunde

Frank M. Reifenberg

SPEEDKIDZZ

IN LETZTER SEKUNDE

Band 3

Thienemann

HN
HEAVEN

HAUPTFIGUREN

Lucas B. Heaven II, genannt Luke

In Lukes Adern fließt Benzin. Um ein Rennauto zu beherrschen, braucht man Kondition und Muskeln, also joggt er und stemmt Gewichte. Leute, die unehrlich sind, hasst Luke fast so wie Vokabeln lernen. Bei Spiegeleiern und Lakritzschnecken wird er schwach.

Preston Wilder

Lukes härtester Konkurrent. Preston befürchtet, auf ewig im Hauptberuf »Sohn« zu sein. Im Gegensatz zu Luke kriegt er neben dem Rennsport auch noch gute Noten hin. Er lässt niemand an sich ran, einer der Gründe, warum er keine Freunde hat.

Ginger Jangal, genannt Jinks

Lukes größter Fan. Sie hat nichts gegen Benzin-Gestank in den Klamotten und Ölränder unter den Fingernägeln und sie fährt selbst ziemlich gut. Wenn's um die Wurst geht, behält sie die Nerven.

Cecil und Sophie Heaven – Lukes Eltern

Lukes Vater ist Techniker, Masseur und Chauffeur in einer Person. Seine Mutter ist Managerin, Pressesprecherin, Seelentrösterin. Wenn die Heavens in ihrer rollenden Renn-Werkstatt, einem zwanzig Jahre alten Ford-Transit (Nickname: Thumper), angerumpelt kommen, muss die Konkurrenz sich warm anziehen. Was an Hightech und Geld fehlt, machen Lukes unbändiger Wille und sein außergewöhnliches Können mehr als wett.

Robert Wickham

Einer der reichsten Männer des Landes, der seine Finger nach allem ausstreckt, was Geld bringt. Der Geschäftsmann nimmt keinerlei Rücksicht, wenn er dabei Profit machen kann. Die Heavens und die anderen Bewohner der Mission Road stehen seinem neuen Einkaufszentrum im Weg.

Patricia Wickham – Tochter von Robert Wickham

Pat bekommt von ihrem Vater alles, was man für Geld kaufen kann. Aber das reicht ihr nicht, auch wenn sie manchmal die Vorteile durchaus genießt. Sie ist eine Kämpferin und unberechenbar, was selbst ihr Dad zu spüren bekommt.

Red Wilder – Vater von Preston

Red Wilder, Autoreifen-Hersteller, glüht vor Ehrgeiz. Aber er verfolgt auch geschäftliche Interessen. Sein Sohn soll die Rennpisten erobern, bis in die Formel 1, und mit ihm sollen *Wilder-Wheels* durchstarten.

WAS BISHER GESCHAH

Dank einer Wildcard konnte Luke doch noch in die *Ultra Speedkidzz Challenge* aufsteigen, aber es fällt ihm schwer, sich auf seinen ersten Start in der neuen Rennklasse zu konzentrieren. Um Jinks' Onkel von dem Verdacht des Drogenhandels reinzuwaschen, geht Luke auf volles Risiko. Er und Jinks lassen sich sogar als Lockvogel von der Polizei einsetzen, um dem Verbrecher, der hinter allem steckt, auf die Spur zu kommen.

Luke ist fest davon überzeugt, dass Preston Wilders Vater der Drahtzieher ist, bis er erfährt, wer ihm die Starterlaubnis besorgt hat: Preston selbst. Und Preston zögert keine Sekunde, als Jinks plötzlich verschwindet. Ausgerechnet in der Nacht vor dem ersten großen Rennen müssen Luke und Preston sich auf den Weg machen, um sie zu finden. Sie werden auch fündig, aber wie kommen sie zu der Luxusyacht, die vor der Küste im Mondlicht schaukelt?

1.

»Nnrgnnh.«

Mehr bringt Jinks nicht hervor. Ihr Versuch, ein verständliches Wort von sich zu geben, scheitert an dem breiten Isolierband, das die Gangster über ihre Lippen geklebt haben. Nur mit Mühe kann sie die Angst zu ersticken unterdrücken. Ihre gefühllosen Arme sind auf dem Rücken gefesselt. Das Seil schneidet in ihre Handgelenke. Mit jedem Versuch, sie zu lockern, scheuert sie die Haut weiter auf, ihre Finger hingegen sind fast taub.

Genauso eng, wie das Seil ihre Hände einschnürt, umklammert die Furcht Jinks' Herz. Wellen der Panik überfluten sie. Sobald sie einen klaren Gedanken fassen kann, wird dieser fortgespült von etwas, das sie schon einmal vor vielen Jahren, als sie noch ein ganz kleines Kind war, genau so verspürt hat: Angst um ihr Leben. Nackte und unbändige Angst.

Der weiße Kastenwagen holpert über einen Bordstein und schleudert ungebremst in die Kurve. Jinks kullert quer über die Ladefläche. Sie versucht, sich mit einem Fuß abzustützen. Zu spät merkt sie, dass ihre knapp über den Knöcheln verschnürten Beine ihr den Dienst versagen. Ihr Hinterkopf schlägt gegen eine Kante, als das Auto zur anderen Seite driftet und wieder den geraden Weg auf der Straße findet. Jinks wird in die andere Richtung gewirbelt und knallt mit der Stirn auf den Boden. Sofort wachsen die Beulen vorne und hinten an ihrem Kopf in einem schmerzhaften Wettlauf gegeneinander an.

»Penner!«, hört Jinks aus einer unbestimmten Ferne eine wütende Stimme. »Fahr gefälligst vorsichtig oder willste eine Oma vom Gehweg fegen? Versuch, die Karre mit möglichst wenig Aufsehen aus der Stadt rauszukutschieren, klar? Ich hab keinen Bock, dass die Bullen uns anhalten und wir unser kleines Paket dahinten erklären müssen.«

»Halt's Maul«, knurrt ein zweiter Mann. »Wenn du nicht so dämlich auf die beiden Kids reingefallen wärst, müssten wir die Kleine jetzt nicht …« Er führt nicht genauer aus, *was* die Kerle mit der *Kleinen* müssen.

Jinks ist jedoch klar, dass es nichts Nettes sein kann und mit der *Kleinen* niemand anderes als sie selbst gemeint ist. Nur schleppend langsam formieren sich die wirren Erinnerungsfetzen in ihrem Gehirn zu einem halbwegs klaren Bild:

Zuerst die Verabschiedung von Luke, der sich auf den Weg nach Coldstone zum ersten Rennen der *Ultra Speedkidzz Challenge* gemacht hatte. Wie er noch einmal angehalten hatte, aus dem Auto gesprungen und zu ihr zurückgekommen war. Sie hatten am Abend zuvor gestritten, aus einem blödsinnigen Anlass, eigentlich nur, weil allen die Nerven blank lagen. Aber Luke hatte sich entschuldigt und sie hatte ihre Blafferei ebenfalls bedauert und sich damit abgefunden, dass sie zur Schule musste, während Luke nach Coldstone fahren durfte. Dann war da der weiße Kastenwagen, genau, ein Klempner, »24-Stunden-Service bei Rohrbrüchen, wir kommen sofort und jederzeit«, stand auf der Seite und noch einmal auf der Ladeklappe. Luke und Jinks hatten die Polizisten darin vermutet, Anna Blackcomb und Thomas Wigfield, die für ihre Sicherheit sorgen sollten. Die Szene hatte man schon zigmal in Filmen gesehen: Ein von außen völlig harmlos wirkender Transporter steht vor dem Haus eines Verdächtigen oder des potenziellen Opfers eines Verbrechens. Innen ist das Auto aber vollgestopft mit modernster Überwachungstechnik, Monitoren, hochempfindlichen Richtmikrofonen.

Sicherheit? Polizisten? Überwachungstechnik? Pustekuchen, nichts von alldem. Niemand weit und breit, der ihr helfen könnte.

Für einen kurzen Augenblick verliert Jinks wieder das Bewusstsein. Jedes Mal, wenn sie aufwacht, muss sie von Neuem den Matsch in ihrem Gehirn bekämpfen, Traum und Wirklichkeit sortieren. Was war passiert?, fragt Jinks sich.

Sie dreht sich vorsichtig auf die Seite, um die verschnürten Arme zu entlasten. Im ersten Augenblick scheinen ihre Adern zu glühen, als wieder ein bisschen Blut hindurchpulsiert. Die Gelenke senden Wellen von stechendem Schmerz aus, der sich mit dem pochenden Gedröhne in ihrem Kopf vermengt. Modriger Geruch setzt sich mit kleinsten Härchen und Schmutz in ihrer Nase fest.

Was ist das? Warum kann sie nichts sehen?

Ein Sack oder ein Beutel. Über ihrem Kopf. Deshalb schwebt sie in diesem sonderbaren Halbdunkel, das immer mal wieder von kleinen Lichtfunken durchdrungen wird. Der faulige Geruch kommt ihr bekannt vor, Kartoffeln, es riecht nach Erde und Kartoffeln. Ein paar Krumen dringen ihr beim Versuch tief einzuatmen in die Nase. Sie muss niesen.

PLUMBER &Co
555-2215
24 Stunden-Service bei Rohrbrüchen, wir kommen sofort und jederzeit
VERDAMMTE GÖRE!

Draußen jault ein Signalhorn auf. Polizei? Krankenwagen? Feuerwehr? Die Alarmanlage einer Luxuskarosse? Jinks kann es nicht unterscheiden. In der Stadt dröhnen jeden Tag die verschiedensten Sirenen durch das ständige Rumoren des Verkehrs, eine nie verklingende Geräuschkulisse.

Die Erinnerungen kehren langsam zurück: Der weiße Kastenwagen, dessen seitliche Schiebetür plötzlich aufgerissen wird. Keine Monitore, nichts, nur ein Mann in schwarzen Klamotten, der aus dem Wagen springt und Jinks schnappt. Sein Gesicht ist zu einer Fratze verzerrt, die Augen starren sein Opfer an. Seine Bewegungen sind schnell, die Handgriffe brutal. Jinks bleibt keine Zeit zu reagieren, sich zu wehren oder auch nur zu schreien.

Ihre Entführer haben ihr etwas auf die Nase gedrückt, ein Tuch mit einer Flüssigkeit getränkt, die ihr in Sekundenschnelle das Bewusstsein genommen hat. Dann müssen sie ihr Opfer verschnürt, ihr einen Sack über den Kopf gestülpt und sie abtransportiert haben wie ein Stück Vieh.

Das Jaulen der Sirene kommt näher. Es dröhnt in Jinks' Kopf, schneidet sich durch die Nervenbahnen, aber diesen Schmerz erträgt sie gerne, wenn es Blackcomb und ihre Männer sind, die sie befreien.

Polizei, bitte, lass es die Polizei sein, die uns verfolgt!, fleht Jinks. Hier, hier bin ich, möchte sie schreien, aber wieder kommt nichts als ein Ächzen durch den winzigen Ritz zwischen ihren verklebten Lippen.

»Grnnnrghrg!?!«

»Wirkt das Zeug noch?«, fragt der Mann hinter dem Steuer des Autos.

Jinks konzentriert sich auf die Stimme. Sie kommt ihr bekannt vor, aber sie kann sie nicht zuordnen. Immer wieder vernebeln sich die Bilder, die Töne verzerren in ihrem Kopf, als schrubbe ein DJ eine Schallplatte zu einem verschlungenen neuen Musikstück, das er aus zwei Tracks zusammenmixt.

»Ist doch egal«, grunzt der Beifahrer, »so wie ich unsere Fracht verpackt habe, kriegt die eh nix mit.«

»Die kleine Kröte hat mir die ganze Hand zerkratzt, bevor sie abgetreten ist. Auf die müssen wir ein Auge haben«, antwortet der andere.

Jinks erinnert sich, dass sie ihre Fingernägel mit aller Kraft in die Haut des Angreifers geschlagen hat, als dieser ihr das Tuch aufs Gesicht gepresst hat. Zu mehr war sie jedoch nicht mehr in der Lage gewesen, weil das Betäubungsmittel so schnell gewirkt hatte.

»Du bist eben ein Weichei«, höhnt der Beifahrer. Mit einem Klicken löst er den Sicherheitsgurt.

Jinks lässt den Kopf nach hinten sinken und rührt sich nicht mehr. Auf keinen Fall soll der Kerl ihr noch einmal den giftigen Lappen unter die Nase drücken. Sie spürt, wie sich der Mann zwischen dem Fahrer- und dem Beifahrersitz durchzwängt. Er ächzt dabei.

Wieder gerät das Auto ins Schleudern.

Der Fahrer beschimpft den anderen. »Pass doch auf, Hammersmith! Du versperrst mir die Sicht mit deinem fetten Arsch.«

Hammersmith.

Der Mann rüttelt an Jinks' Fesseln und murmelt etwas, das Jinks nicht versteht. Sie verhält sich ganz ruhig. Er soll glauben, dass sie noch ohnmächtig ist. Jetzt verdichtet sich das Gewaber in Jinks' Kopf zu einem klaren Bild.

Hammersmith. Das war das fehlende Puzzlestück. Joe Hammersmith, der wenige Tage zuvor das ganze Magazin einer Pistole auf sie abgefeuert hatte, und Dave Porter, der zuerst die Bremsen an Lukes Rennwagen ansägen wollte und dann das Haus von Jinks' Onkel in Brand gesetzt hatte. Sie mussten ihr aufgelauert haben, kaum dass die Heavens um die Ecke gebogen waren!

Vor Jinks' innerem Auge spulen sich die Momente ab wie ein alter Schwarz-Weiß-Film, in dem immer mal wieder ein Bild zerkratzt ist oder unscharf bleibt, aber die Szene ist komplett: Sie selbst, mürrisch, die Hände in den Hosentaschen vergraben, ein letzter Blick hinter dem Ford Transit her, auf dessen Anhänger der neue *Heaven Number Two* thront. Sie dreht auf dem Absatz um, ihre Laune sinkt noch tiefer in den Keller, weil sie an die erste Stunde denken muss. Geschichte, sie hasst Geschichte, Zahlen und Tote. Wann lebte dieser König, in welcher Schlacht siegten die Normannen über jenen Angreifer, wie viele Ehefrauen hatte Heinrich VIII. und wie viele davon ließ er um die Ecke bringen?

Sie klopft mit einer Hand gegen das Blech des Kastenwagens, in dem sie die Polizisten vermutet, die auf sie aufpassen sollen. Aber das ist ein verhängnisvoller Irrtum.

Die Schiebetür des Kastenwagens wird plötzlich aufgerissen. Ehe Jinks reagieren kann, springt jemand hervor, umklammert mit einem Arm ihren Oberkörper und presst ihr etwas ins Gesicht. Ein Lappen, getränkt mit einer Flüssigkeit, sie riecht süßlich und gleichzeitig scharf, ein Experiment im Chemieunterricht blitzt ihr kurz durchs Gehirn, sie wehrt sich, tritt nach hinten, krallt sich in die Hand des Angreifers, aber dann setzt auch schon die Wirkung des Betäubungsmittels ein. Ein paar Herzschläge lang zappelt Jinks noch, sie wehrt sich mit allen Mitteln, der Film wird verschwommener. Filmriss. Jinks verliert die Besinnung.

Aber wo waren die Polizisten gewesen? Anna Blackcomb und Thomas Wigfield hatten ihnen großspurig versprochen, dass sie Luke und Jinks jederzeit unter Kontrolle hätten, dass ihnen absolut nichts passieren könnte. Sie sollten der Köder sein, um den wirklich dicken Fisch zu fangen, den Hai, der hinter allem steckte. Luke und sie sollten nur eine SMS schicken, um die Kerle in die Falle zu locken. Blackcomb würde sie nicht aus den Augen lassen.

Jetzt lag Jinks verschnürt wie ein Postpaket auf der Ladefläche des Kastenwagens. Keine Ahnung, wie weit sie schon gefahren waren, keine Ahnung, wohin die Kerle sie brachten, keine Ahnung, was sie mit ihr vorhatten.

Verdammt! Jinks hatte der Frau von vornherein nicht getraut. Das Versprechen, sie zu einer legalen Bürgerin des Landes zu machen, war allerdings allzu verführerisch gewesen. Jinks hatte es mit der Hilfe ihres Onkels Mohinder immer geschafft, nicht von den Behörden behelligt zu werden. Selbst bei der Einschulung waren sie durch einen Trick und eine sehr großzügige Spende des Onkels an die Schule um eine genaue Prüfung ihrer Aufenthaltsgenehmigung gekommen.

»Links, du musst nach links«, blökt Hammersmith plötzlich den Fahrer an.

»Sag das doch früher«, blökt Porter zurück und reißt das Lenkrad in letzter Sekunde herum.

Erneut kullert Jinks durch den Wagen. Ihr Kopf knallt zum

zweiten Mal gegen den Radkasten. Wieder wird es schwarz vor ihren Augen. Erst ein Schaukeln weckt sie auf. Jinks weiß nicht, ob sie lieber bewusstlos geblieben wäre. Ihre nächsten Wahrnehmungen sind ein Plätschern und ein kühler, feuchter Luftzug. Es herrscht nicht mehr der stickige, von Abgasen durchzogene Muff, von dem sie als kleines Mädchen oft Atemnot bekommen hatte. Fisch, das ist es, die Luft riecht nach Fisch und Salz, sogar durch den Stoff des Jutesacks über ihrem Kopf dringt der Geruch.

Ein Schwall salziger Gischt durchnässt ihr T-Shirt. Wasser! Ein Boot! Eine Nussschale von Boot! Das wird ihr klar, als ein Außenbordmotor aufheult. Augenblicklich spritzt das Wasser auf. Einer der Männer zieht ihr den Beutel vom Kopf. Jinks' Haare werden von einer Windböe durcheinandergepustet.

Die Panik, die sie bisher gerade noch in Schach halten konnte, bricht nun durch.

Wasser. Meer. Ozean. Tiefe.

Jinks würgt gegen das Klebeband auf ihrem Mund an. Sie kann gerade noch verhindern, dass ihr der Mageninhalt hochsteigt. Ruhig, ermahnt sie sich, bleib ruhig, sonst erstickst du am Ende am eigenen Erbrochenen. Aber sie hasst Wasser, nein, sie hasst es nicht bloß, brutale unbezähmbare Angst wogt in ihr auf! Der Ursprung dieser Angst liegt weit, weit zurück.

Sie hat keine konkrete Erinnerung an das Unglück, bei dem ihre Eltern umgekommen sind. Sie war viel zu klein, nicht mal ein Jahr alt, aber diese erbärmliche Angst und Hilflosigkeit – Jinks wird sie nie in ihrem Leben vergessen: die Wellen, die das kiellose Boot, mit dem sie sich eigentlich in

Sicherheit bringen wollten, hin und her warfen, die Schreie ihrer Mutter, als der Indische Ozean sie in die Tiefe zog.

Nur das kleine Kind, ein Mädchen, das auf den Namen Ginger hörte, hatte überlebt. In einer Holzschale war Jinks von den Rettungskräften aus dem Meer gefischt worden und dann auf vielen Umwegen bei ihrem Onkel Mohinder gelandet, der sie wie eine eigene Tochter großgezogen hatte.

»Ginger, Ginger!«, hört Jinks in ihren Träumen oft noch die Schreie ihrer Mutter und wacht dann vor Angst bibbernd auf. Deshalb hat sie sich irgendwann den Spitznamen *Jinks* zugelegt, einfach, um nicht mehr an das schreckliche Ereignis erinnert zu werden.

Jinks hasst das Wasser. Aus tiefster Seele. Sie bäumt sich auf, zappelt mit den gefesselten Beinen, grunzt, ächzt, bringt Töne hervor, die sie im Normalzustand niemals herausbringen würde. Es nützt nichts.

»Hör auf, du miese kleine Kröte. Oder wir werfen dich sofort ins Wasser.«

Sofort. Jinks ist nicht blöd. Sie kann eins und eins zusammenzählen. *Oder wir werfen dich* sofort *ins Wasser* heißt: Früher oder später landest du auf jeden Fall auf dem Meeresboden.

Hammersmith quittiert das Ganze nur mit ein paar abfälligen Bemerkungen und wuchtet sich das Mädchen einfach über die Schulter, als sie nach wenigen Minuten an der Backbord-Seite einer protzigen Yacht angelegt haben.

Während er die wackelige Strickleiter hinauf aufs Deck steigt, verharrt Jinks mucksmäuschenstill. Nur kein Risiko eingehen! Wenn der Kerl ausrutscht und sie fallen lässt, landet sie vielleicht direkt im Meer, gefesselt, geknebelt – in null Komma nichts eine hübsche Wasserleiche.

Die Schmerzen in Jinks' gefesselten Armen und Beinen sind unerträglich. Viel schlimmer ist jedoch die Panik, die sie immer wieder überflutet, die mit Paketband verklebten Lippen, sie bekommt phasenweise kaum Luft durch die Nase, der Gestank in dieser winzigen stockdüsteren Kammer, das Bewusstsein, dass sie sich auf einem Schiff, auf dem Wasser, einem Ozean, in der wogenden Unendlichkeit befindet.

Ruhig bleiben, ruhig, Ruhe, Ruhe!!!, möchte sie schreien, aber der Knebel lässt kaum einen Laut zu.

Sie hat längst das Zeitgefühl verloren. Es können Tage vergangen sein. Oder nur Stunden? Hat Luke ihren Hilferuf empfangen, er müsste doch längst hier sein?! Hat er das Handy ausgeschaltet, ist die Nachricht auf einer anderen Mailbox gelandet, hat sie sich vielleicht verwählt? Nein, Jinks, nein, die Nummer war gespeichert. Er wird die Nachricht hören. Er wird dir helfen. Das ist ihre einzige Hoffnung. Er muss doch begriffen haben, dass etwas schiefgegangen ist. Erinnert er sich an die Worte der Polizisten? Das satellitengesteuerte Ortungssystem wird ihn zu ihr führen. Oder er hat die Polizei benachrichtigt.

Jinks wird klar, wie sehr sie eigentlich in allen Lebenssituationen auf Luke baut. Zwar muss sie ihn durch die Klassenarbeiten und Prüfungen in der Schule bringen und übernimmt oft das Kommando, wenn es um taktische Fragen im Rennen geht. Sie stapft nicht selten vorweg, doch trotzdem ist Luke derjenige, der ihr Halt gibt. Er ist mehr als ein Schulfreund oder Kumpel, sogar mehr als ein *echter* Freund. Er ist wie ein Bruder. Und Brüder passen auf ihre Schwestern auf!

Jinks lässt sich erschöpft zurückfallen. Sie legt den Kopf auf das aufgerollte Tauwerk. Spar deine Kräfte, wer weiß, wie lange du durchhalten musst!, ermahnt Jinks sich selbst. Brüder passen auf ihre Schwestern auf, so ein Quatsch!, feuert sie sich an. Du kannst auf dich selbst aufpassen.

»Du kommst ins Kabelgatt«, hatte Hammersmith hämisch grinsend gesagt. »Böse Mädchen, die sich nicht benehmen können und nicht ruhig sind, wenn man es ihnen sagt, kommen in das muffige Loch, das war schon immer so! Harharhar …«

Dieses widerliche *Harharhar* war schlimmer als alles andere. Jinks hätte ihm am liebsten einen Tritt in den Hintern verpasst, aber ihre Beine waren bereits wieder miteinander verschnürt gewesen. Ihr war natürlich klar, dass sie so oder so in irgendeine entlegene Ecke gesperrt worden wäre, allemal nachdem Hammersmith mit dem Boss telefoniert und Dave Porter kurz danach darüber informiert hatte, dass der Boss nicht allein käme.

»Er bringt seine Rotzgöre mit, verdammt, als ob wir nicht genug Probleme hätten. Gleich zwei Mädchen an Bord und keine soll von der anderen was mitkriegen«, hatte Porter geflucht.

Joe Hammersmith war das völlig egal. Er hatte ihr das Klebeband wieder auf die Lippen gedrückt und ihr eingeschärft: »Ein Mucks und du versinkst mit einem Gewicht am Hals im Wasser!«

Dann hatte alles plötzlich ganz schnell gehen müssen. Es war fast dunkel, nur der Mond warf seinen schwachen Schein, der Boss war angekommen, mit einem Motorboot, er hatte einen Blick in die fensterlose Rumpelkammer im Bug, die Hammersmith als *Kabelgatt* bezeichnet hatte, geworfen. Jinks hatte nur die Umrisse seiner Statur sehen können, sein Gesicht war im Dunkeln geblieben, aber sie hatte ihn erkannt.

Wickham. Der Schweinehund, der die Heavens, Onkel Mo, Jinks, einfach alle aus ihren Häusern, ihrer Heimat vertreiben wollte. Also hatte Luke mit seiner Vermutung falsch gelegen, Preston Wilders Vater stecke hinter der Sabotage an *Heaven Number Two*, hinter der Brandstiftung in Mohinder Jangals Haus, hinter den Drogen, die ihrem Onkel untergeschoben wurden.

Jinks schließt die Augen. Du darfst dich nicht weiter in die Wut hineinsteigern, ermahnt sie sich selbst und versucht sich an die Meditationsübungen ihres Onkels zu erinnern. In der Ruhe liegt die Kraft. Nur den Atem beobachten, wie er ein- und ausströmt.

Leichter gesagt als getan, wenn die Atemluft nach Klebeband stinkt und nach Maschinenöl und nach brackigem Wasser, das sich irgendwo in diesem Kabuff gesammelt hat.

Ich atme.

Ich bin ganz ruhig.

Ich atme.

Ich bin.

Ich …

2.

Das kalte Wasser schnürt Luke fast den Atem ab. Zug um Zug nähert er sich dem Rumpf des Schiffes, aber bei jeder Bewegung wächst das Gefühl, etwas in der schwarzen Tiefe unter ihm sauge ihn hinab. Ausgerechnet jetzt kommen ihm die Bilder eines Riesentintenfischs in den Sinn, der vor Kurzem vor der australischen Küste gefunden wurde. Fünfzehn Meter lange Tentakel, die …

Luke schüttelt den Kopf, als wolle er den Gedanken von sich schleudern. Die Strecke vom Ufer bis zu der wuchtigen Motoryacht ist weiter, als er gedacht hatte, das ist alles. Es gibt keine Riesenbiester in der Nordsee.

Viel problematischer ist das kleine Ding zwischen seinen Zähnen. Das Handy behindert ihn beim Atmen. Das topmoderne Gerät, das die Polizisten ihm und Jinks gegeben haben, soll auf keinen Fall nass werden. Angeblich kann man sie immer und überall damit orten. Hoffentlich haben Blackcomb und Wigfield das Ortungssignal auf ihrem Schirm. Er hätte eine Nachricht an sie absetzen sollen, dessen ist er sich bewusst. Die Sache alleine durchzuziehen, ist Wahnsinn, aber er wollte keine Zeit verlieren.

Wo sind Blackcomb und Wigfield?, fragt Luke sich. Jinks ist wahrscheinlich schon die ganze Woche in den Händen der Verbrecher, ohne dass diese großspurigen Cops etwas unternommen haben. Oder hatten sie das nie vor? Sie stecken wahrscheinlich selbst mit in der Sache, eine andere Erklärung gibt es nicht. Falsch. Eine Möglichkeit gibt es noch: Die Cops *können* nicht, weil Wickhams Leute sie aus dem Weg geräumt haben.

Luke spürt, wie jemand an seiner linken Seite herangleitet. Ein leiser Kiekser entfährt Luke. Riesenirgendwas. Er schluckt Wasser, prustet. Prestons Kopf taucht neben ihm auf.

Ohne Mühe holt Preston ihn ein. Er schwimmt kraftvoll und geschmeidig, ein Profi könnte es kaum besser machen. Sein Kopf versinkt bei jedem Zug kurz unter Wasser, fast lautlos krault er an Luke vorbei, dreht sich dann aber zu ihm herum.

»Kleines Rennen gefällig?«, flüstert er. Dabei schwenkt er den Kopf nach hinten, um sich die nassen Haare aus dem Gesicht zu werfen. Prestons schneeweiße Zahnreihe blitzt auf.

Das herausfordernde Grinsen kann Luke selbst im diffusen Mondlicht sehen, das sich tausendfach in der gekräuselten See bricht.

»Jetzt bringt der Pool im Keller unseres Hauses mal was!«

Angeber, denkt Luke, aber eigentlich klang es gar nicht nach einer Prahlerei. Irgendwie scheint sein ärgster Konkurrent, den er sonst immer nur von ferne in der Boxengasse oder bei einer Siegerehrung sieht, gar kein übler Kerl zu sein. Zu Spielereien lässt Luke sich jedoch nicht verführen. Jedes, absolut jedes Wettrennen würde er mit Preston aufnehmen. Jetzt allerdings kommt es nur darauf an, die Yacht von Robert Wickham zu erreichen, bevor sie ihren Ankerplatz in der Bucht verlässt.

»Schie schuh, dasch du Land gewinnscht«, nuschelt Luke zwischen den Zähnen und an dem Handy vorbei hervor. Er reckt das Kinn weit aus dem Wasser und sieht dabei aus wie eine der alten Damen im Schwimmbad, die unter ihren geblümten Badekappen grundsätzlich alle Bahnen blockieren.

Luke wundert sich immer noch, dass Preston ihm hilft, sich genauso wie er selbst in Gefahr begibt und, was noch mehr zählt: Preston setzt ebenfalls den Start im ersten Rennen der *Ultra Speedkidzz Challenge,* das in wenigen Stunden beginnt, aufs Spiel.

Preston gleitet mit einem leisen Kichern davon. Zwei Minuten später trifft Luke ihn direkt an der Bordwand von Wickhams Luxusliner wieder. Die Yacht ragt steil aus dem dunklen Wasser. Steil und glatt. Preston hält sich mit gleichmäßigen Paddelschlägen seiner Füße über der Oberfläche.

»Da kommen wir nie hoch«, haucht Luke fast tonlos, als er das Ende der Strickleiter in fast zwei Metern Höhe über ihnen baumeln sieht.

»Pssst.« Preston legt den Zeigefinger der einen Hand auf die Lippen, mit der anderen deutet er nach oben.

Auf Deck nähern sich Schritte. Das schmatzende Geräusch von Gummisohlen bewegt sich direkt auf die Stelle über ihnen zu. Luke und Preston drücken sich so nah wie möglich an die Bordwand.

»Legen wir ab?«, fragt eine mürrische Stimme.

»Je ne sais pas!«, antwortet jemand.

»Du sollst nicht französisch mit mir quatschen«, knurrt der andere. »Sonst lernst du es nie! Also, wie heißt das?«

»Isch niescht wissän.«

»ICH WEISS ES NICHT.«

»Was du niescht wissän?«

Der Mürrische wird nun richtig sauer. »Ich weiß es nicht. Das heißt: ICH WEISS ES NICHT und nicht ISCH NIESCHT WISSÄN, kapierst du das!«

»Je ne sais pas«, kichert der Franzose.

»Ich gebe dir einen Tipp: Lass diese Albernheiten. Unser Kapitän ist okay, aber der Eigentümer ist ein …«, der Mann macht eine lange Pause, dann flüstert er nur noch, »… eiskalter, mieser Typ, der über Leichen geht. Und das meine ich wörtlich, man erzählt sich eine Menge Geschichten über den. Er macht sich nie die Hände selbst schmutzig, dafür hat er diese beiden Idioten, Hammersmith und Porter, denen solltest du auch nicht zu nahe kommen.«

Er schnippst eine Zigarette ins Wasser. Der Stummel zischt kurz, als er direkt vor Lukes Nasenspitze erlöscht.

»Hol jetzt die Strickleiter rein und danach zieh dich um, du musst dem Alten das Abendessen servieren.«

Luke reißt die Augen weit auf. Was jetzt?, steht darin geschrieben. Ohne die Strickleiter kommen sie nie an Bord. Preston hebt die Schultern und vergisst für einen kurzen Moment, die Beine in Bewegung zu halten. Er sackt augenblicklich ab. Ein kräftiger Schluck salzigen Meerwassers füllt sekundenschnell seine Nase, den Rachen, gelangt in die Lunge. Prustend schnappt er nach Luft.

»'allo?«, erschallt im selben Augenblick die Stimme des Franzosen. »Ist da wärr?«

'ALLO?

»Hast du was gesagt?«, fragt der andere Matrose.

»Isch 'abe etwas ge'ört …«

Der Franzose beugt sich weit über die Reling.

Blitzschnell drückt Luke Prestons Kopf unter Wasser. Er selbst folgt ihm eine Hundertstelsekunde später. Das Handy gleitet ins Wasser und sinkt hinab. Preston wehrt sich, aber Luke packt ihn mit beiden Armen. Ein Blick nach oben bestätigt seine Befürchtung.

Beide Matrosen auf der Yacht recken jetzt die Hälse über die Reling. Von den Wellen verzerrt, aber deutlich erkennbar, zeichnen sich ihre Köpfe gegen den Mondschein ab. Die Luft in seiner Lunge gibt Luke zu viel Auftrieb. Er atmet aus.

... 21 ... 22 ...

Luke zählt die Sekunden. Er war immer eine Niete im Schwimmunterricht.

... 23 ... 24 ...

Beim Schwimmabzeichen ist er zweimal gescheitert – am Tauchen!

... 25 ... 26 ...

Fünfzehn Meter Streckentauchen – versagt.

... 27 ... 28 ...

Einen Metallring aus drei Metern Tiefe aus dem Becken holen – verpatzt!

... 29 ...

Lukes Lunge beginnt zu brennen, Prestons Augen quellen längst hervor, die Köpfe verschwinden von der Reling.

... 30!!!

Gleichzeitig schnellen die beiden Rennfahrer an die Oberfläche. Japsend saugen sie die Luft ein. Ihr Keuchen macht mehr Lärm als eine schnaufende Herde Walrösser, aber sie haben Glück. Die Matrosen sind verschwunden. Und mit ihnen leider auch die Strickleiter, ohne die sie niemals an der glatten Bordwand hochsteigen können.

»Das Handy ist weg«, bringt Luke als Erstes hervor.

»Du ersäufst mich fast und das Einzige, was dir einfällt, ist das blöde Handy?«, schnaubt Preston.

Luke bleibt keine Zeit für eine Antwort. Die Schiffswand, an der er sich mit einer Hand abstützt, vibriert. Gleich darauf brummt der gesamte Koloss und am Heck gurgelt das Wasser.

»Sie werfen die Maschinen an«, ruft Preston, jegliche Vorsicht außer Acht lassend. »Wenn wir in den Sog der Schrauben geraten …«

»Das Beiboot!«, stoppt Luke die schaurige Vorstellung seines Kumpels. Er stößt sich von der Bordwand ab, krault mit ein paar schnellen Zügen auf das Motorboot zu. Zeit, sich Gedanken über monströse Riesenkraken, eiskalte Beinmuskeln und brennende Lungenbläschen zu machen, bleibt nicht mehr.

Noch liegt das Seil, mit dem das Beiboot am Mutterschiff vertäut ist, schlapp im Wasser. Auf der der Yacht abgewandten Seite führt eine kleine Steigleiter direkt ins Wasser, um Tauchern oder Schwimmern den Einstieg zu erleichtern. Das mächtige Schiff strafft das Tau in dem Moment, in dem Luke eine Hand an das blitzblanke Gestänge der ersten Stufe legen kann. Er rutscht ab, fasst nach, erwischt den Handlauf beim zweiten Versuch. Mit drei schnellen Griffen zieht er sich hoch. Auf der obersten Stufe hält Luke inne und streckt Preston die nasse Hand entgegen.

»Komm schon!«, feuert er ihn an.

Ein Ruck geht durch das Beiboot, als die Yacht sich langsam fortbewegt. Preston umklammert Lukes Handgelenk. Zwei, vielleicht drei Meter wird er noch durch das Wasser gezogen. Die nassen Hände finden keinen Halt, sie glitschen auseinander, Luke greift mit der zweiten Hand zu. Jetzt kann er Preston packen. Preston stößt sich mit den Beinen an der Trittleiter ab, kopfüber stürzt er ins Boot, dann kullern Luke und er keuchend über die lederbezogene hintere Sitzbank. Die Yacht nimmt langsam Fahrt auf. Das Schiff setzt sich fast lautlos in Bewegung, obwohl es von so leistungsstarken Motoren angetrieben wird.

Die beiden Jungen liegen ausgestreckt auf dem Rücken. Ein paar Minuten pusten sie einfach nur die Luft aus ihren Lungen, spucken die Reste der salzigen Gischt aus.

»Das war knapp«, bringt Preston als Erster hervor.

»Jetzt können wir nur hoffen, dass sie nicht volle Kraft voraus Kurs auf die Arktis nehmen.«

»Luke Heaven, du bist ein echter Optimist.« Preston streckt seine Hand aus. »Give me High five!«

Lachend klatscht Luke ihn ab und durchsucht dann das Motorboot. »Würde mich nicht wundern, wenn auf dem Geschoss nicht irgendwo noch ein Luxusbad, zwei Schlafzimmer und eine Bar versteckt sind.« Er findet aber nur eine im Heck verzurrte Kiste.

Ein Schwimmanzug aus dünnem Neopren, mehrere Tauchmasken mit Schnorcheln, drei Paar Flossen, ein Werkzeugkasten, eine Leuchtpistole, vier Schwimmwesten kommen zum Vorschein.

»Perfekt, alles was wir brauchen«, murmelt Luke.

Preston schüttelt den Kopf. »Ein Handtuch und eine Tasse

Tee, das ist es, was *ich* brauchen könnte. Soll das hier ein Tauchausflug werden, oder was?«

»Hey, Extrawünsche sind nicht im Preis enthalten. Das wird schließlich keine Kreuzfahrt«, schmunzelt Luke. »Obwohl hier alles vom Feinsten ist, so ähnlich wie bei deinem Dad«, schiebt er noch hinterher, was Preston mit einem Stinkefinger quittiert.

»Mir ist schweinekalt.«

»Der gibt ganz schön Gas«, erwidert Luke.

Der Fahrtwind treibt auch ihm einen eisigen Schauer über die nasse salzige Haut. Er zieht ganz unten aus der Seemannskiste eine graue Decke hervor. Als er sie auseinanderfaltet, prangt auf der einen Seite das Logo von Wickhams Doublemart-Kaufhäusern.

»Hätte nicht gedacht, dass ich mal froh sein würde, das zu sehen.« Er wirft sich die Decke über die Schultern und öffnet seinen Arm einladend. »Komm schon«, fordert er Preston auf.

Preston streicht sich die klitschnassen Haare aus dem Gesicht. Einen kurzen Moment zögert er, als ihn jedoch ein weiterer Kältestoß erzittern lässt, kriecht er zu Luke unter die Decke.

»Und ich hätte nicht gedacht, dass wir mal unter einer Decke stecken würden«, grinst er.

»Na ja, wir werden sowieso nachher ein paar Leuten ein bisschen was zu erklären haben. Wahrscheinlich sind schon zwei Suchkommandos unterwegs.«

Preston winkt ab. »Mein Dad schikaniert die halbe Nacht unsere Wilder-Techniker und checkt gar nicht, dass sein Topfahrer nicht in seiner Koje liegt.«

Nach ein paar Seemeilen stoppt die Yacht. Luke rappelt sich auf, als er merkt, dass das gleichmäßige Rauschen des Fahrtwinds und der satte Sound des Motors verstummen. Die Ankerkette rasselt, bis das schwere Metall im Wasser verschwindet.

Preston zieht ihn zurück unter die Decke.

»Vorsicht!«

Auf der Yacht laufen ein paar Männer der Besatzung hin und her. Von Wickham, Hammersmith und Dave Porter ist nichts zu sehen. Nur Wickhams Tochter Patricia steht an der Backbord-Reling und schaut in die Dunkelheit. An ihren Haaren zaust der Wind. Sie zieht sich die Kapuze ihres Shirts über den Kopf. Luke erinnert sich an das erste Zusammentreffen mit Pat Wickham, von dem kein besonders netter Eindruck zurückgeblieben ist.

»Als ich sie das letzte Mal gesehen habe, hat sie gerade einen Kampfsportlehrer mit seinem eigenen Gürtel erwürgt. Wenn ich den Typ nicht befreit hätte, wäre er garantiert hopsgegangen.«

»Warum stoppen sie?«, fragt Preston.

Luke weiß genauso wenig eine Antwort auf diese Frage wie Preston. Vielleicht hat Wickham nur die englischen Hoheitsgewässer verlassen. Er weiß aber, dass sie nicht mehr lange warten dürfen. Jede Minute, die sie verstreichen lassen, verringert die Chance, Jinks heil aus den Fängen dieser Verbrecher zu befreien. Wenn sie überhaupt noch lebt! Luke traut Wickham mittlerweile alles zu, auch den Mord an einem Mädchen.

»Pat?!«, ertönt eine Stimme auf der Yacht. »Komm bitte herein, Kleines.« Der Klang der Stimme lässt wenig Zweifel daran, dass es keine Bitte ist, sondern ein Befehl. Der Befehl von jemandem, der daran gewöhnt ist, Anweisungen zu geben, die auch umgehend befolgt werden.

»Sag nicht *Kleines*, Dad.« Das Mädchen rührt sich nicht von der Stelle. »Mir wird unter Deck schlecht. Und überhaupt – was soll die ganze Geheimnistuerei?«

»Komm. Herein. Patricia.«

Drei eisige Worte, die keinen Widerspruch mehr dulden.

Wütend schlägt Pat mit der flachen Hand auf die Reling. Sie zischt ein paar Verwünschungen, die die Jungen in dem Motorboot nicht verstehen, obwohl sie schon bis auf wenige Meter an die Yacht herangedümpelt sind. Dann stapft sie hinein.

»Nette kleine Familie«, raunt Preston.

Wenige Augenblicke später herrscht absolute Stille an Deck. Nur noch die Positionslichter und eine Lampe über dem Eingang zur Brücke werfen ein paar spärliche Strahlen über die blitzsauberen Planken und spiegeln sich in den polierten Messingbeschlägen der Fenster und Türen.

»Und jetzt?«

Luke antwortet nicht, sondern lüpft die Decke. »Es gibt nur eine Möglichkeit. Ich schwimme noch einmal rüber, hangele mich an der Ankerkette hoch und entere den Kahn.«

Preston schüttelt zunächst den Kopf. »Warum schwimmen wir nicht beide rüber?«

»Wenn etwas schiefgeht oder doch eine Wache an Deck ist, kann der andere immer noch mit dem Beiboot abhauen und Hilfe holen.«

»Aber dann wartest du besser hier, ich bin der bessere Schwi…«

»Ist Jinks meine oder deine Freundin?«, schneidet Luke ihm das Wort ab.

»Hm, so habe ich das noch gar nicht gesehen.«

Ein langes Schweigen breitet sich aus. Luke kapiert selbst, was er gerade gesagt hat.

»Äh, also, nicht *so* … verdammt, sie gehört zum Heaven-Team, ist das klar?«

»Ich dachte, wir sind zumindest hier *ein* Team«, mault Preston.

»Wir haben keine Zeit für solche Diskussionen. *Ich* hole sie von dem Pott runter.« Auf weitere Diskussionen lässt er sich nicht ein.

Preston zuckt die Achseln. »Aye, aye, Kapitän.«

»Wir brauchen einen Teil der Ausrüstung. Und zwar in trockenem Zustand. Ich weiß nicht, ob diese Dinger funktionieren, wenn sie nass geworden sind, und das könnte bei einem Schwimmausflug durch die Nordsee schnell passieren. Auch wenn's nur die paar Meter bis zur Ankerkette sind.«

Luke hält die Leuchtpistole hoch. »Die hältst du griffbereit.«

»Aye, aye, Kapitän.«

Luke ignoriert den motzigen Tonfall.

»Gib mir deine Uhr!« Er greift sich Prestons Arm, an dem der schwere Zeitmesser glitzert. Luke ist sich ziemlich sicher, dass er aus echtem Gold hergestellt ist, hässlich findet er die Uhr trotzdem.

»Finger weg! Was willst du damit?«, wehrt Preston sich.

»Einen Zünder bauen, mit dem wir das Bötchen in die Luft jagen können.« Luke verzieht keine Miene.

Preston fällt die Kinnlade runter. »Bist du verrückt, das ist eine Rolex. Weißt du, was die kostet?«

»Scheinbar ist sie mehr wert als Jinks' Leben?!« Luke grinst frech von einem Ohr bis zum anderen. »Mann, das war'n Scherz. Aber ich brauche sie trotzdem, weil ich keine habe.« Er zeigt beide Unterarme vor. »Du kannst dich nach der Bootsuhr richten. Wenn ich nach dreißig Minuten nicht zurück bin und du nichts gehört oder gesehen hast, schießt du alles ab, was die Signalpistole hergibt.«

»Aber dann merken die, dass hier jemand ist.«

»Genau das sollen sie auch. Danach gibst du Gas und verdrückst dich. Du musst so schnell wie möglich in die Nähe der Küste und Hilfe holen. Wenn sie wissen, dass es Zeugen gibt, wagen sie es nicht, Jinks und mich an die Fische zu verfüttern.«

Prestons Blick streift über das Armaturenbrett des Motorboots. Erst jetzt wird ihm bewusst, wie tief in der Nacht es ist. Und dass sie in nicht einmal zwölf Stunden in Coldstone an den Start gehen müssen oder ihre Rennoveralls an den Nagel hängen können. Ein Zurück gibt es jedoch nicht mehr.

Nur noch ein Zurück *mit* Jinks.

Er händigt Luke seine Uhr aus. »Das ist ein Geschenk meiner Mutter. Wenn du sie kaputt machst, kannst du dich auf was gefasst machen. Und wenn du Jinks nicht zurückbringst, auch.«

Luke legt sich die Uhr ums Handgelenk. Er zögert, steht vor Preston. Nur das Plätschern der Wellen ist zu hören.

Plötzlich schlingt er die Arme um den Oberkörper des anderen, schlägt ihm dreimal fest auf den Rücken.

»*Wir* schaffen das. Ich bin tierisch froh, dass du hier bist, echt, das kannste glauben.«

»Mach hinne!«

Luke gleitet ins Wasser. Außerhalb der Bucht ist es noch kälter. Der Gedanke an sechzig, siebzig oder noch mehr Meter schwarzer Tiefe unter ihm jagt Luke erst recht eine Gänsehaut über den Rücken. Die Wasseroberfläche hatte von oben ganz ruhig gewirkt, jetzt, wo nur sein Kopf herausragt, erscheinen ihm die Wogen fast haushoch. Als etwas seinen rechten Fuß streift, kann er einen kurzen Aufschrei nicht unterdrücken.

»Was ist?«, zischt Preston durch die Dunkelheit.

»Nichts«, gibt Luke zurück.

Wenn der Anker Halt im Meeresboden gefunden hat, kann die See hier nicht so tief sein, beschwichtigt Luke die immer wieder aufwallenden Befürchtungen in sich. Er schafft die wenigen Meter vom Heck, an dem das Motorboot vertäut ist, bis zur Ankerkette vorne an der Bugspitze ohne weitere Probleme. Er ruht sich drei, vier Atemzüge aus und ergreift die Kette. Was in Fernsehfilmen und bei Kinopiraten immer so leicht und spielerisch wirkt, stellt sich im echten Leben und im echten Meer als echtes Problem heraus.

Die Ankerkette ist rutschig. Lukes Hände finden fast keinen Halt und wenn sie es tun, scheint der Ozean wie ein

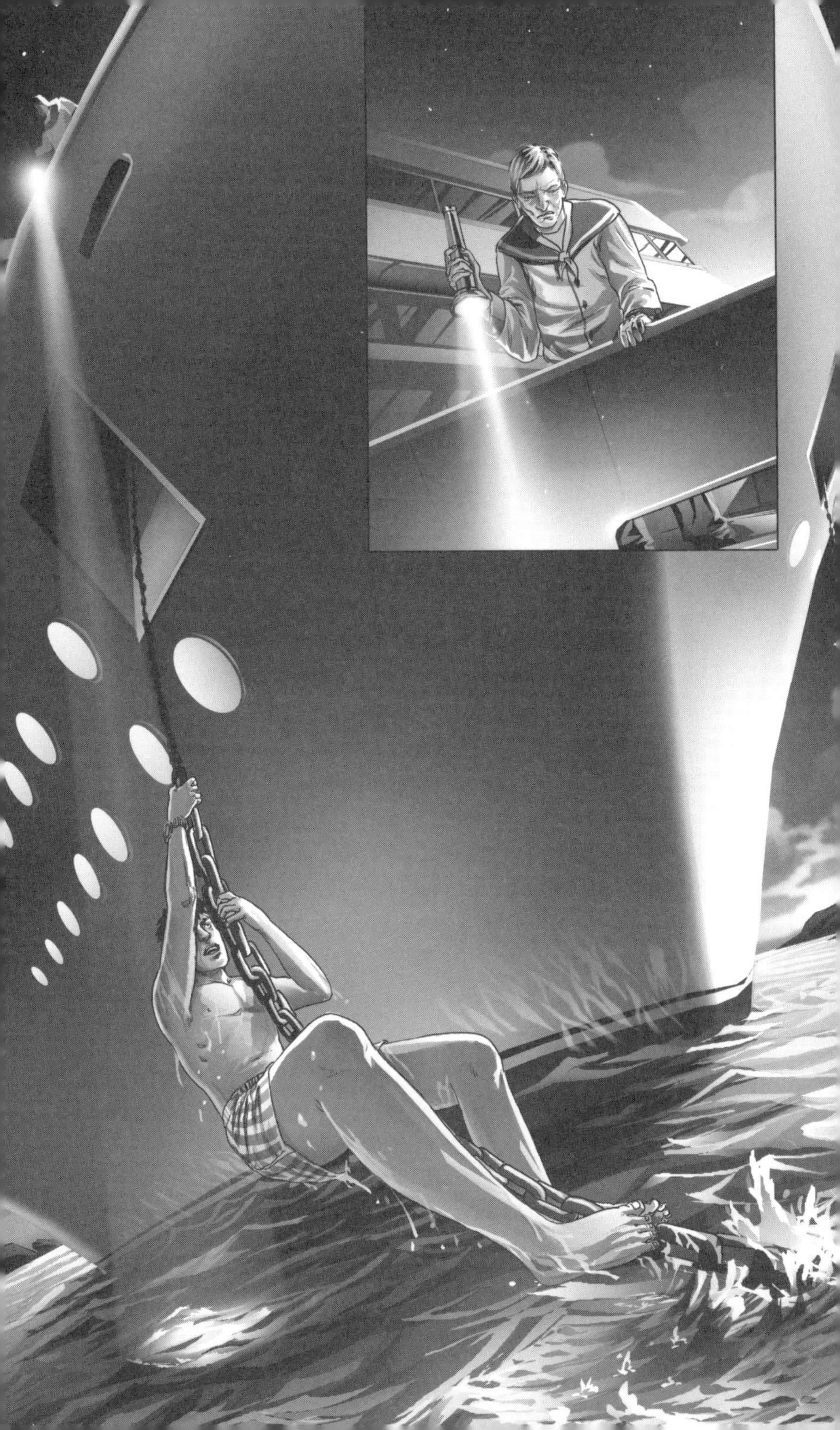

tonnenschweres Gewicht an ihm zu hängen. Mit den ersten Versuchen vermag er kaum, sich auch nur ein paar Zentimeter aus dem Wasser zu hieven. Erst als er es schafft, sich mit den großen Zehen in je eins der Kettenglieder zu quetschen, kann er sich halten. Mit der Kraft beider Beine und beider Arme schiebt er sich hoch.

Die vom Wasser eiskalten Muskeln brennen nun wie Feuer. Vier oder fünf Züge nach oben müssten ihn zur Reling bringen. Nicht denken, nicht zählen!, bläut Luke sich ein. Linker Fuß, festklemmen, belasten, rechter Fuß, festklemmen, beide belasten.

»Argh!!!«

Luke ist abgerutscht. Wie ein Affe hängt er an der Kette, mit dem Rücken zum Wasser, die Beine umschlingen aber noch die Kette. Seine Finger sind der Schwachpunkt. Lange kann er sich nicht mehr halten, schon gar nicht, wenn er eines der Beine von der Kette löst, um sich weiter hoch zu schieben.

Plötzlich hört Luke eine Stimme. Der Franzose. Im selben Augenblick fällt ein schwacher Lichtstrahl auf Luke.

Erwischt!, denkt Luke und will schon zurück ins Wasser springen. Besser zurück in die Nordsee, als ebenfalls Hammersmith in die Hände zu fallen.

Dann nimmt er es im Bruchteil einer Sekunde wahr – direkt vor ihm ein Bullauge, in der Bordwand, offen, jemand hat eine Lampe angeknipst, nein, er öffnet die Tür zu dem Raum hinter dem Bullauge, das Licht kommt aus dem Flur. Der Franzose, er wirft etwas in den kleinen Raum und verschließt die Tür.

Luke erkennt nur noch schemenhaft die Umrisse des

Bullauges. Ihm bleibt keine Zeit mehr, die Arme verglühen fast, er löst die Beine, mit Schwung drückt er sich von der Kette ab. Er möchte schreien, schreien, Bizeps, Trizeps, alles will explodieren. Wenn er das Bullauge nicht trifft, wenn er zu dick für die kleine Öffnung ist, wenn … wenn … wenn …

3.

Aus der Platzwunde an Lukes Stirn strömt das Blut. Es läuft ihm in die Augen und überzieht seinen Blick mit einem rötlichen Schleier. Trotzdem ballt er die Faust und stößt ein befreiendes »Yeah!!!« aus. Mit den vier Buchstaben bahnt

sich die aufgestaute Angst, alle Energie, die er in den gewagten Sprung durch das schmale Bullauge gepresst hat, einen Weg nach draußen.

Er hat es geschafft. Mit den Füßen voran, mit der letzten Kraft seiner Arme, Schwung – und hinein ins Schiffsinnere, wenn auch sein Kopf volle Granate gegen die kreisrunde Fassung des Fensters geknallt ist!

Luke gönnt sich keine Verschnaufpause. Mit schnellen Blicken versucht er sich in dem dunklen Raum zu orientieren. Nur ein schwacher Lichtstrahl dringt unter der Tür hindurch. Rechts erkennt er etwas, das eine Koje sein muss, er tastet sich vor. Einen Moment zögert er. Liegt jemand darin?

Quatsch.

Nur ein Scheintoter oder Volltrunkener wäre von Lukes ungewöhnlichem Eindringen nicht wach geworden. Er greift sich die Decke und wirft sie vor die Schwelle, damit kein Licht nach draußen dringen kann. Das Kissen stopft er in das Bullauge, erst dann schaltet er die Deckenlampe an. Er schreckt zusammen.

Jemand steht in der Tür. Eine schaurige Gestalt starrt ihn an. Die Kinnlade der Gestalt fällt hinunter, genau wie seine eigene. Luke atmet tief durch. Die Gestalt atmet tief durch. Jetzt grinst das blutüberströmte Monster, genau wie er.

Die Tür ist komplett mit einem Spiegel verkleidet.

Luke blickt sich selbst in die Augen.

Kein schöner Anblick. So könnte ich jeden Gegner in die Flucht schlagen!, denkt Luke.

Er war mit Preston direkt vom Qualifying in Coldstone, noch in den Rennoveralls ihres jeweiligen Teams, auf einem Motorroller losgedüst. Bevor sie ins Wasser gestiegen waren, hatten sie die schweren Kleidungsstücke natürlich ausgezogen. Luke hat noch nie einen Actionhelden in einer grün-gelb gestreiften Unterhose, die auch schon bessere Tage gesehen hatte, erlebt! Er wettet darauf, dass Jinks zuerst über die Streifen eine freche Bemerkung machen wird, und er muss wieder grinsen. Das vergeht ihm jedoch schnell. Jinks. Wird sie überhaupt in der Lage zu ironischen Bemerkungen sein? Er wünscht es sich – ausnahmsweise.

Luke schaut sich um.

Die Kajüte scheint im Moment nicht genutzt zu werden. Sie ist winzig, wahrscheinlich für zusätzliche Besatzungsmitglieder gedacht oder für Gäste, die nicht gerade zu den oberen Zehntausend gehören. Sie ist penibel aufgeräumt, an einem Waschbecken hängen Handtücher, ein Waschlappen, eine Zahnbürste, kleine Päckchen mit Seife, Shampoo, alles verschweißt und alles mit dem Doublemart-Logo versehen.

Luke dreht den Wasserhahn auf. Das Waschbecken ist zu schmal, um den Kopf unter den Strahl zu halten. Er befeuchtet eines der Handtücher und wischt sich vorsichtig über das Gesicht, aber die Blutung ist nicht sofort zu stoppen. Einen wütenden Fluch kann er gerade noch unterdrücken.

Er zerrt das schneeweiße Laken aus der Koje, reißt mithilfe der Zähne einen handbreiten Streifen ab und wickelt ihn sich um die Stirn und den Kopf. So könnte er in jedem Horrorfilm eine Statistenrolle als dritte Leiche von links bekommen! Sein Blick fällt auf einen schmalen Spind direkt neben der Koje.

»Das Glück ist mit die Doofen«, murmelt Luke, als er einen Blick hineinwirft. Einer von Jinks' Lieblingssprüchen. Leider ist Luke nicht doof genug. Kein Glück!

Er hatte gehofft, darin ein paar Klamotten zu finden, vielleicht eins der schneeweißen Outfits, die die Besatzungsmitglieder tragen. Aber da sind nur ein paar Handtücher, sonst nichts.

Plötzlich scheppert auf dem Flur etwas. Ein Klirren, ein Platschen, ein französischer Fluch, nichts anderes können die wütend gezischten Worte sein, von denen Luke nur eines kennt: »Merde!«

Das möchte er auch rufen, denn jetzt nähern sich Schritte seiner Kajüte. In letzter Sekunde schlägt Luke mit einer Hand auf den Lichtschalter, mit der anderen greift er den erstbesten Gegenstand. Etwas Gläsernes, schwer und kühl. Er drückt sich an das schmale Stückchen Wand zwischen Koje und Tür. Im selben Augenblick klimpert ein Schlüsselbund. Jemand stößt die Tür auf.

KLICK
QUELLE COCHONNERIE!
KEINEN TON!

Der französische Matrose wendet sich sofort dem Schrank zu, greift nach den Handtüchern – und stutzt. Luke hält den Atem an, weiß aber schon, dass der Mann ihn entdecken wird.

»Quelle cochonnerie«, stößt dieser hervor und dreht sich im Zeitlupentempo um. Seine Blicke streifen über das zerrissene Bettzeug, die Blutschlieren im Waschbecken.

»Merde …«, flüstert er nur noch, weiter kommt er nicht.

Luke stößt die Kajütentür zu. Für einen Wimpernschlag steht er vor dem Matrosen, der den Mund zu einem Schrei aufreißen will. Die alberne Schirmmütze, die er immer tragen muss, wenn er als Stewart eingeteilt ist, rutscht ihm in die Stirn. Der Aschenbecher aus schwerem Rauchglas, den Luke immer noch in der Hand hält, schwebt hoch erhoben über dem Kopf des Mannes.

»Keinen Ton!«, zischt Luke.

Ein Blick in Lukes Augen reicht dem Mann. Zur Not ziehe ich dir mit dem Ding eins über den Schädel!, steht darin geschrieben und als könne Luke die Gedanken des Franzosen lesen, flüstert er: »Das gibt eine fiese Kante auf der Stirn, das garantiere ich dir.«

Robert Wickhams Finger trommeln auf der Tischplatte aus edlem Tropenholz. Er ist besonders stolz darauf, dass es dieses Holz so gut wie gar nicht mehr gibt auf der Welt. Außer auf seiner Ranch im Norden Brasiliens und vielleicht noch an diesem oder jenem versteckten Fleckchen im Urwald, bewacht von ein paar Buschmännern und Voodooweibern.

»Dem Holz dieses Baums werden magische Kräfte zugesprochen, wusstest du das?«, fragt Wickham seine Tochter.

Pat knurrt nur kurz. Kurz und unverständlich. Sie weiß genau, dass sie im Moment besser den Mund hält. Ihr Dad kocht. Je ruhiger er äußerlich wirkt, desto schlimmer brodelt der Vulkan in ihm. Sie hat es längst aufgegeben. Er und seine Firmen beuten hemmungslos alles aus, Menschen, Tiere, Wälder, einfach alles. Wenn es sich lohnen würde, irgendwelche Amöben auszurotten, um daraus etwas herzustellen, das sich verkaufen lässt, auch da wäre er ganz vorne dabei.

»Alles, was du aus dem Holz machst, ist wie von Götterhand geschaffen. Pfeile, die du daraus schnitzt, töten jeden Feind. Ein Schild wehrt jeden Angreifer von dir ab. Fertige einen Tisch daraus und er wird immer gedeckt sein.«

»Dann lass doch Tische für deine Arbeiter in Pakistan oder noch besser in Ghana daraus bauen, die können ganz sicher etwas zu essen brauchen.«

Robert Wickham ist zuverlässig. Er reagiert genau, wie Pat es erwartet hat. Die ganze Leier: Sie genieße den Luxus, den er ihr ermögliche, ja wohl in vollen Zügen, die Klamotten, die teure Schule – blablabla.

»Wer kann sich denn Urlaub auf einer Yacht wie dieser leisten?!«

Mit minderbemittelten Gorillas auf einem Boot, bah!, denkt Pat. Hammersmith und Porter sind Typen, um die sie am liebsten einen Bogen von mindestens 200 Seemeilen machen würde.

»Wer hat denn die Geburtstagsfeier mit Hannah Montana persönlich ausgiebigst genossen?«

Die heißt Miley Cyrus und ich hasse sie und sie hat es für sehr viel Geld getan. Ich hasse Geburtstagsgäste, die ein paar Millionen kosten, denkt Pat.

»Ganz zu schweigen davon, was es mich gekostet hat, diesen Kampfsportlehrer von einer Anzeige abzuhalten.«

Zum ersten Mal seit ihrer Ankunft auf der Yacht huscht der Hauch eines Lächelns über Patricias Miene. Der Kerl hatte sie angegrapscht und so getan, als sei es nur ein Kampfgriff gewesen. Leider hatte sich der Gürtel seines Anzugs ein bisschen ungünstig um den Hals des Mannes geschlungen, das jedenfalls hatte Pat nachher behauptet. Wenn dieser junge Rennfahrer, dessen Familie sein Vater aus ihrem Haus vertreiben will, nicht aufgetaucht wäre und sich getraut hätte, die Schlinge durchzuschneiden – oha!

Jetzt holt sie zu einem gekonnten Gegenschlag aus.

»Gib doch zu, dass dir die Nummer gefallen hat. Der Apfel fällt nicht weit vom Stamm, oder? Das hast du doch gedacht und du hättest kalt lächelnd die ganze Welt bestochen, wenn der Typ abgekratzt wäre. Aber ich sage dir, Dad: Es war ein Unfall. ICH BIN NICHT WIE DU!«

Pat springt auf. Mit der geballten Faust schlägt sie einmal auf die magische Tischplatte, dann verschwindet sie in Windeseile aus dem Salon, der einen großen Teil des hinteren Oberdecks einnimmt. Sie genießt den Weg in ihre Kajüte, ein winziger Raum, der genauso spartanisch eingerichtet ist wie die Unterkünfte des Personals.

Mindestens eine halbe Minute hält die Sprachlosigkeit ihres Vaters an. Das schaffen wenige. Umso lauter schallen seine wütenden Schreie durch das Heck der Yacht.

»Hammersmith! Porter! Bewegt eure faulen Ärsche hierher! Wo bleibt dieser Froschschenkelfresser mit meinem Abendessen? Was ist das …«

Pat wirft die Tür hinter sich zu. Sie legt sich aufs Bett und stülpt den Kopfhörer über die Ohren. Volle Lautstärke. Die neue CD von *Blueday*. Dagegen kommt selbst Robert Wickham nicht an.

Bevor Pats Vater ihr nachlaufen kann, stolpern die beiden Gerufenen über den Flur. Als sie den Raum betreten, sacken ihre Schultern fast automatisch ein wenig nach vorne. Besonders Hammersmith ist mit jeder Faser seines Körpers ein unterwürfiger Hund, der Angst vor den Schlägen seines Herrchens hat. Dave Porter spielt den Befehlsempfänger nur. Er verbirgt geschickt, wie gerne er seinen Boss bei einer günstigen Gelegenheit einem Schwarm ausgehungerter Tigerhaie vorwerfen würde. Schon nach den ersten Worten ist Dave klar, dass er und sein Kumpan jetzt den gesamten Ärger der vergangenen Woche ausbaden sollen.

Wickham ergießt sich in Beschimpfungen, schiebt ihnen die Schuld zu, dass er noch nichts zu essen hat, und kommt dann zur Sache, um die es eigentlich geht.

»Wie konntet ihr Idioten das Mädchen auf die Yacht bringen? Wenn meine Tochter etwas davon mitkriegt …«

»Die Kleine, äh, ich meine: Die Fracht liegt sicher verpackt in einer der Abstellkammern im Bug und die Mannschaft hält das Maul, dafür haben wir gesorgt. Die Leute sind top.«

»Die Leute sind nicht einmal in der Lage, mir einen gegrillten Lachs mit Senfsoße und ein Glas Champagner zu bringen.«

»Boss, das kam etwas überraschend. Wir wussten ja nicht, dass Sie die Yacht brauchen.«

Wickham beugt sich weit über den Tisch. Porter kann seinen säuerlichen Atem riechen, aber er verzieht keine Miene.

»Es steht schon Monate fest. MONATE!!! Verstehst du

MONATE!!!

Schwachkopf, M-O-N-A-T-E-! Die Lieferung kann nur in dieser Woche übergeben werden. Wenn wir unsere Partner in Südafrika verprellen, kann ich meinen Laden dichtmachen. Die Klunker sind ein Vermögen wert, ach was, tausend Vermögen sind sie wert.«

Jetzt kapiert sogar Hammersmith, was Wickham gemeint hatte. Wenn alle Welt hinguckt, erledigt sich ein solcher Deal am besten. Unzählige Nobelyachten kreuzen während der Weltmeisterschaft vor den südafrikanischen Häfen. Da fällt eine mehr kaum auf und sie konnten unter den Augen der halben Welt die Diamanten an Bord nehmen.

Ein Geräusch im Flur zieht die Aufmerksamkeit der Männer auf sich. Hammersmith huscht zur Tür.

»Ihr Dinner, Mr Wickham«, murmelt er und ist froh, dass der Boss jetzt erst einmal mit etwas Erfreulichem beschäftigt ist.

Jemand reißt die Tür auf. Luke drückt sofort das Kinn auf die Brust und hofft, dass die Schirmmütze, die er dem Franzosen abgenommen hat, sein Gesicht verdeckt. Er hat sie tief bis zu den Ohren hinuntergezogen, um den Verband und seine verklebten Haare zu verdecken. Die Uniform des Matrosen schlottert ein bisschen an seinen Beinen.

Das schmale Messingschild an der Brusttasche der Jacke weist ihn als Jean-Luc Montagnier aus. Der echte Jean-Luc liegt nun gut verschnürt und geknebelt in der Kajüte.

Die Verkleidung war allerdings nicht dazu gedacht, ein Schwätzchen mit Hammersmith oder Porter oder gar Wickham zu halten. Luke hat gehofft, dass er sich auf dem Schiff bewegen könnte, ohne in der ersten Minute schon geschnappt zu werden. Das hat mit dem Servierwagen als Tarnung auch gut geklappt.

Jetzt steht Hammersmith vor ihm. Er hält dem Steward die Tür auf und zischt ihm ein »Das wurde aber auch Zeit!« zu. In dem Raum sitzt Robert Wickham an einem Tisch. Porter steht wie ein Schuljunge, der beim Abschreiben erwischt wurde, vor ihm.

Luke hat keine Wahl. Wenn er jetzt den Wagen mit den von silbernen Wärmehauben bedeckten Tellern, den Kristallkelchen und der Flasche Champagner in einem mit Eis gefüllten Kühler nicht hineinschiebt, fliegt er auf der Stelle auf.

»Bongsoarmissijöh«, knödelt Luke so leise wie möglich. »Isch …«

»Halt keine langen Reden, der Boss hat Hunger«, schnauzt Hammersmith. »Warum hat das so lange gedau…«

»Ich brauche euch jetzt nicht mehr«, unterbricht Wickham ihn. Er wedelt mit den Händen. Seine beiden Handlanger verziehen sich auf der Stelle und wortlos. Luke tut so, als suche er etwas auf der unteren Ablage des Servierwagens, als Dave Porter sich an ihm vorbeidrängt. Er schafft es, dass Wickhams Schläger ihm nicht ins Gesicht sehen kann.

DAS WURDE AUCH ZEIT.
BONGSOAR ...
DU BIST ALSO DER NEUE AN BORD?
WAS HABEN WIR DENN DA?
DU KANNST GEHEN.

»Du bist also der Neue an Bord?«, richtet Wickham nun das Wort an Luke.

»Oui, Missijöh«, nuschelt Luke.

»Aus welcher Ecke von Frankreich kommst du, eh? O là là, Paris??«, fragt Wickham und summt eine Melodie, die irgendetwas mit Paris zu tun hat. »Ja, l'amour, toujours, hab schon viel erlebt in Paris.«

Paris war Lukes erste Idee, aber wenn Wickham sich in der Stadt auskennt, könnte ein weiteres Gespräch schwierig werden. »Äh … aus … äh …«

»Was denn, du weißt nicht, woher du kommst?« Wickham lacht hämisch. »Wie ich Hammersmith kenne, bist du aus irgendeinem Kanal gekrochen.«

»Magny-Cours«, presst Luke hervor. Es ist der einzige Ort außer Paris, den er zumindest vom Namen her kennt und richtig aussprechen kann. Die Rennstrecke dort, auf der lange Zeit in der Formel 1 der *Große Preis von Frankreich* ausgetragen wurde, hat er allerdings noch nie mit eigenen Augen gesehen. Luke schwitzt. Jetzt fehlt nur noch, dass er anfängt, französisch mit mir zu sprechen!, denkt er.

»Ja«, lacht Wickham und wechselt dann in fließendes Französisch, »Ce qu'il manque sur ce bâteau c'est l'art de vivre à la française.«

Luke versteht kein Wort. Den Ball flach halten, denkt er und schiebt ein weiteres *Oui* hinterher. Noch mehr beschäftigt ihn, was ein Steward nun zu tun hat. Er kramt in seinem Gedächtnis, ob er so etwas schon einmal im Fernsehen oder in einem Film gesehen hat.

Soll er einfach mit ein paar *Oui* und *Merci* und vielleicht einem *Pardong, Missijöh* den Rückzug antreten?

»Was haben wir denn da?«, fragt Wickham, glücklicherweise in seiner Muttersprache.

Die blitzblank polierten Wärmehauben! Runternehmen, nimm sie runter!, feuert Luke eine innere Stimme an. Er greift mit jeder Hand nach einer der silbernen Halbkugeln, in denen sich Wickhams Nase grotesk verzerrt spiegelt.

»Woalla!«, ruft er aus.

Mit Schwung gibt er die Teller frei. Auf dem einen verlieren sich ein winziges Stück Fischfilet mit einer gelblichen Soße und ein noch winzigeres Häufchen Reis. Auf dem anderen Teller liegen hauchdünn geschnittene Scheiben Fleisch. Es schimmert blutig-rot und ist ohne jeden Zweifel roh. Luke verzieht angewidert das Gesicht.

Wickham interessiert sich plötzlich nicht die Bohne für das Essen. Sein Blick haftet an Lukes Arm, an dem die Rolex golden schimmert.

»Ganz schön teurer Klotz, den du da an deinem Handgelenk spazieren trägst«, bemerkt er mit Kennermiene. »Allemal für einen kleinen Kellner aus der französischen Provinz.«

Ich muss hier raus, ich muss hier so schnell wie möglich raus! Panik kriecht in Luke hoch. Jede Sekunde in diesem Raum erhöht das Risiko aufzufliegen.

»Na, die Dinger gibt's ja als Fälschung auf jedem Wochenmarkt für fünf Dollar zu kaufen«, lacht Wickham.

Luke stößt ein bestätigendes Kichern aus und schiebt ein weiteres *Oui* durch die Zähne.

Wickham zieht die Manschette seines Hemdes hoch und deutet auf die Uhr an seinem Handgelenk. »Wehe, du streckst deine Finger mal nach meiner aus.« Dann wendet er sich endlich dem Essen zu. »Carpaccio!«, ruft Wickham begeistert aus. »Ich liebe Carpaccio! Die Rinder dafür wachsen auf meiner eigenen Ranch in Südamerika auf, das ist Qualität, wie sie nicht mal ein Staatspräsident bekommt!«

Luke versucht die Begeisterung Wickhams zu nutzen, um sich langsam rückwärts gehend zu verdrücken. Bevor er die Tür jedoch erreicht, wendet sich Wickham ihm noch einmal zu.

»Irgendwie kommst du mir bekannt vor …« Wickham lässt den Blick durch den Raum kreisen. »Wie war noch dein Name?«

»Äh … Lu…« Luke deutet auf sein Namensschild. »Luc … Jean-Luc … Montagnier … äh, Missijöh. Isch glaubä nischt, dass wirr uns gesähn 'aben.« Luke spürt, wie ihm der Schweiß den Rücken hinunterläuft. Er senkt den Kopf wieder tief auf die Brust. Spielt der Kerl die ganze Zeit mit ihm? Hat er ihn längst erkannt und weidet sich noch ein bisschen an Lukes Angst?

»Na gut, dann kannst du jetzt gehen«, nuschelt Wickham mit vollen Backen. Er hat sich die gesamte Vorspeise auf einen Schlag in den Mund geschoben. Ein Restchen des blutigen Rindfleischs klebt an seiner Unterlippe.

Luke zieht die Tür hinter sich zu. Er lehnt sich für ein paar Atemzüge an die Wand des im Halbdunkel liegenden Flurs. Dann wirft er einen Blick auf die Uhr. Es wird höchste Zeit. In wenigen Minuten wird Preston loslegen, bis dahin muss er bei Jinks sein. Entweder er bekommt nach genau dreißig Minuten ein Zeichen von Luke oder er soll Gas geben, abhauen und schleunigst Hilfe holen, so lautet die Vereinbarung. Glücklicherweise hat der richtige Jean-Luc sich fast in die Hose gemacht vor Angst und ihm ziemlich schnell verraten, wo sich das Mädchen befindet.

Luke schleicht sich durch das gesamte Oberdeck hinunter in den Teil der Yacht, der die Küche, den Kühlraum und die Mannschaftsräume beherbergt. Die meisten Besatzungsmitglieder pennen in ihren Kojen, zweimal kann Luke in letzter Sekunde unter einem Treppenabsatz und in einer Abstellkammer Deckung suchen.

Luke kann sich kaum noch an das hektische Kauderwelsch des verängstigten Franzosen erinnern. Irgendwo hier muss ein kleiner Durchgang sein, der auf einen Umlauf führt. Dort am Ende müsste der Zugang zum Maschinenraum sein, daneben eine Tür mit einem Warnzeichen …

»Bingo!«, flüstert Luke.

Er hat die Tür gefunden. Er verharrt ein paar Augenblicke und horcht. Nichts. Luke zückt den Schlüsselbund, den er Jean-Luc entwendet hat. Trotz des fahlen Dämmerlichts erfasst er den Hauptschlüssel, der zu allen Türen der Yacht passt, sofort. Er ist länger als alle anderen.

Luke führt ihn vorsichtig ins Schlüsselloch.

Wenn der Franzose ihn nicht angelogen hat, müsste er Jinks in weniger als drei Sekunden in die Arme schließen können.

In die Arme schließen?, denkt Luke. Lieber nicht, auf so etwas steht Jinks gar nicht.

4.

Ich gebe nicht auf. Ich gebe nicht auf, verdammt, ich gebe nicht auf!, hat Jinks sich bestimmt schon zum hundertsten Mal gesagt. Es hat eine unendliche Zeit gedauert, aber sie hat es geschafft. Immerhin sind ihre Beine nun frei. Die Handfesseln sitzen jedoch noch genauso fest wie zuvor. Es brennt wie Hölle. Die Haut an den Gelenken ist wund gescheuert.

Sie hat es immerhin geschafft, ein rundes, längliches Ding so vor ihren Füßen zu platzieren, dass sie es dem nächsten, der den Raum betritt, entgegenschleudern kann. Die ausrangierte Boje ist nicht besonders schwer, eine Verletzung kann sie niemand damit zufügen. Aber vielleicht verschafft ihr der Überraschungseffekt einen Vorteil.

Das Klimpern eines Schlüsselbunds lässt sie aufschrecken. Vielleicht ist es der Franzose, der ihr schon ein paar Mal das Essen gebracht hat. Das wäre gut. Er ist etwas schmächtiger als die anderen Kerle. Vor allem hat er aber Mitleid mit ihr. Jinks hat es deutlich gespürt, als er sie bewacht hat, während sie ihre Suppe löffelte.

Der Schlüssel knirscht im Schloss. Eine Drehung, die zweite, die Tür öffnete sich nur ein paar Millimeter weit.

Jinks geht in Position. Sie umschließt mit beiden Füßen die Boje, zieht die Beine an. Ihre Muskeln brennen. Es hat sie einige Kraft gekostet, durch stetiges Zerren und Drücken die Fesseln zu lockern.

Mach schon, komm rein, du Mistkerl!, denkt Jinks.

Endlich schiebt *der Mistkerl* die Tür ganz auf und fragt im selben Augenblick: »Jinks? Bist du da?«

»Nnrgngh gnrg mrgnmg!«, würgt Jinks wütend in das Klebeband vor ihren Lippen. Ihre Beine arbeiten schneller als ihr Hirn. Irgendetwas sagt ihr zwar, dass die Umrisse im Gegenlicht denen des Franzosen ähnlich sind, aber nur ähnlich. Etwas stimmt nicht oder im Gegenteil: Etwas stimmt total, aber sie kann den geplanten Ablauf, den sie im Kopf immer und immer wieder durchgegangen ist, nicht mehr stoppen: Schon hat sie die Beine angewinkelt und mit aller Wucht von sich gestoßen. Die Plastiktonne schießt auf die Gestalt zu und trifft sie mit dem abgerundeten Ende in den Unterkörper.

»Ji-aaamphhhfff …«, zischt die Luft aus dem überraschten Besucher, der vornüber stolpert und der Länge nach in den Raum stürzt.

Luke landet ausgestreckt auf Jinks.

Sie reißt die Augen auf.

»Uukk«, stöhnt Jinks.

Luke verliert keine Zeit. Er legt die Finger auf die Lippen. Jinks verdreht die Augen. Wie soll sie mit dem Knebel für Radau sorgen?

Mit spitzen Fingern packt Luke das Klebeband an einer Ecke. »Das tut jetzt weh«, flüstert er. »Versuch, nicht zu schreien, okay!?« Die Antwort wartet er nicht ab. Rrrssszzzt.

Er hält das Klebeband in der Hand. Nur ein »Hmmpff« ist Jinks entschlüpft.

JINKS? BIST DU DA?
NNRGNGH GNRG MRGNMG!
JI-AAAMPHHHFFF ...

»Luke, du glaubst nicht, wie glücklich … wie kommst du hierher … was für Klamotten sind das … es ist Wickham … sie wollen …«, sprudelt es flüsternd aus ihr heraus.

Luke löst einfach nur ihre Fesseln. Dann wirft er einen Blick auf die Uhr an seinem Handgelenk. Jinks fällt das teure Stück sofort auf.

»Die hab ich mir geliehen«, würgt er ihre Frage ab. »Das ist noch eine kleine Überraschung für dich, aber jetzt müssen wir erst mal an Deck.«

Er zerrt sie hinter sich her. Die Stille an Bord des Schiffes lässt jeden Schritt wie einen Kanonenschlag klingen, aber niemand begegnet den beiden. Sie haben kaum das Heck der Yacht mit dem niedrigen, fast an der Wasserlinie liegenden Unterdeck erreicht, als die Maschine des Beiboots zu röhren beginnt.

»Was ist das?«, flüstert Jinks.

»Ein Motorboot, das wir den Kerlen in weniger als einer Minute klauen werden«, erwidert Luke.

»Wir?«

Luke kann sich das gefährlich-neugierige Glitzern in Jinks' Augen genau vorstellen, für eine Antwort ist aber keine Zeit. »Später!«, zischt er und schiebt Jinks zum Ende des Unterdecks. »Wenn er näher dran ist, musst du rüberspringen.«

In diesem Moment taucht das Boot auch schon aus der Dunkelheit auf. Luke weiß, dass in weniger als zwei Minuten irgendwer auf der Yacht den Krach bemerken wird. Und nur ein paar Sekunden danach werden sie erkennen, dass jemand das Motorboot entwendet. Noch ein paar Sekunden und sie werden wissen, dass ihre Gefangene die Mücke gemacht hat.

Preston lenkt das schnittige Gefährt in einer knappen Kurve heran, sodass die beiden Boote fast Heck an Heck liegen. Gekonnt legt er den Rückwärtsgang ein und tuckert noch ein bisschen näher.

»Hey, Jinks«, grüßt er lässig.

»P-P-P-reston W-W-W-ilder«, bringt die Angesprochene gerade so noch hervor.

»Das ist eine lange Geschichte, die ich dir allerdings bei einer anderen Gelegenheit erzählen muss.« Eine stärkere Welle schwappt zwischen den Booten auf. Preston korrigiert den Abstand. »Vielleicht steigst du erst einmal um!?« Mit einer Hand hält er das Steuerrad, mit der anderen fischt er nach einem Gegenstand, den Jinks nicht erkennen kann. Er wirft einen schwarzen Kasten zu Luke herüber. »Hepp!«, warnt Preston seinen Kumpel kurz vor.

Luke reagiert blitzschnell und schnappt mit beiden Händen nach dem Geschoss. »Du musst springen!«, befiehlt Luke noch einmal, aber Jinks, die noch immer wackelig auf den Beinen ist, verschränkt die Arme vor der Brust.

Ihr wird immer klarer, dass die unendliche dunkle Weite um sie herum ein Meer ist. Als sie an Bord gebracht wurde, konnte sie wenigstens noch die Küste erahnen, aber jetzt? Wasser. Wasser. Wasser. Und nun verlangen die Jungs auch noch einen Sprung hinüber in das andere Boot. Näher als auf einen Meter kommt Preston nicht heran. Ein lächerlicher Abstand für ein sportliches Mädchen wie Jinks, aber sie hat nur das kalte Nass im Kopf, das diesen Abstand füllt.

Meer. Ozean. Tiefe. Der Tod für ihre Eltern.

»Jinks, bitte.« Luke verliert die Geduld. »Ich muss noch einmal hoch aufs …«

»Waaas?«, gellt es nun aus Jinks' Mund. »Ich soll alleine da hinüber?« Instinktiv sucht ihre Hand nach Lukes. Ihre Finger krallen sich darin fest. »Bitte, Luke, bitte, bitte.«

So hat Luke sie noch nie erlebt. Ärger in der Schule. Jinks bleibt cool. Pistolenkugeln um die Ohren. Jinks behält die Nerven. Die Sache mit dem Stalker im vergangenen Jahr. Jinks zertrümmert ihm den kleinen Finger und entschuldigt sich dann mit zuckersüßem Lächeln. Jetzt ist sie ein Wrack, jetzt gleicht sie eher einer Siebenjährigen, die im Traum von einem Säbelzahntiger verfolgt wurde, als der bengalischen Tigerlady, in deren Rolle sie einmal beim Kostümball der Schule schlüpfte.

»Ich kann das nicht, ehrlich, i-c-h-k-a-n-n-d-a-s-n-i-ch-t!«

»Verdammt«, knurrt Luke. In seinem Kopf kreisen die Gedanken. Er hat schon viel zu viel Zeit verloren. Er muss hoch auf die Brücke, das ist der einzige Weg, die Bande wenigstens eine gewisse Zeit aufzuhalten! Im Bug der Yacht rührt sich bereits jemand. Ein Besatzungsmitglied ruft einem anderen etwas zu. Ein Suchscheinwerfer flammt auf. Jemand schwenkt den Strahl der starken Lampe wie ein Lichtschwert über das Wasser. Glücklicherweise suchen sie den Bereich vor der Yacht ab. Preston schaltet den Motor aus. Sofort bewegt sich das Motorboot ein wenig von der Bordwand weg.

»Warte hier!«, beschließt Luke endlich. Er öffnet den schwarzen Kasten, den Preston ihm zugeworfen hat. »Bitte warte hier, Jinks, tu einmal einfach nur das, was ich sage, nur dieses eine Mal, okay?«

Sie nickt und klammert sich an die Reling. Trotzdem kann sie die Frage nicht unterdrücken. »Was ist das?«

»Eine Signalpistole.« Er holt die Waffe aus der Schaumstoff-Ummantelung, in die drei weitere Ausbuchtungen eingelassen sind. Drei silbrig schimmernde Zylinder sind darin gebettet, zwei oder drei Zentimeter dick und ungefähr dreimal so lang.

Er steigt mit dem Gerät in der Hand hoch aufs nächste Deck. Am oberen Absatz dreht er sich noch einmal zu Jinks um. Sie kauert sich tatsächlich an der Reling zusammen.

Ein Blick nach vorne erfüllt ihn mit Genugtuung, denn er sieht sofort, dass die Matrosen, die in der Heckspitze an dem Suchscheinwerfer stehen, ihm einen großen Gefallen getan haben: Die Tür zur Brücke steht offen.

Preston und er hatten geplant, als Ablenkungsmanöver die Leuchtpistole in irgendeinen Raum hinein abzuschießen. Vielleicht könnten sie etwas in Brand setzen und den Moment der Aufregung nutzen, um sich unbemerkt mit dem Motorboot aus dem Staub zu machen.

Die Brücke ist natürlich der absolut beste Ort für einen solchen Überraschungsangriff: die Schaltzentrale eines jeden Schiffs, bei einem Kahn wie diesem vollgestopft mit hochempfindlicher Technik, Computern, den Navigationsgeräten!

Langsam hebt Luke den Arm. Die Waffe sieht einer normalen Pistole ziemlich ähnlich. Nur das Rohr ist dicker und etwas länger, um die großen Leuchtpatronen aufnehmen zu können. Eine steckt bereits drin, zwei weitere hat Luke in die Hosentasche gesteckt. Er umschließt den Griff mit beiden Händen, streckt die Ellbogengelenke weit durch und zielt auf die Tür. Die Entfernung liegt bei höchstens zehn Metern, selbst ein halb so großes Ziel ist nicht zu verfehlen. Der rundherum verglaste, hell erleuchtete Raum ist leer. Personen können nicht zu Schaden kommen, also drückt Luke den Abzug langsam durch.

»Einen Millimeter weiter und du bist tot«, flüstert jemand hinter ihm.

Luke spürt etwas Kaltes in seinem Genick. Es hat zwar nicht das Kaliber einer Signalpistole, aber jede andere Waffe würde die Drohung wahr machen. Auch das kleinste Kaliber würde seine Wirbelsäule durchschlagen und ihm beim Austritt auf der anderen Seite das halbe Gesicht wegpusten.

Anna Blackcomb lenkt ihren in die Jahre gekommenen Dienstwagen, ein schlammbrauner Ford, kurz vor Coldstone von der Autobahn hinunter auf die Landstraße. Der Rennstrecke hat der Ort die besten Straßen weit und breit zu verdanken. Die Wettbewerbe, die Events drum herum, oft auch Open-Air-Konzerte oder andere Massenaufläufe garantieren Coldstone und den angrenzenden Örtchen einen steten Geldzufluss.

Ihr Kollege Thomas Wigfield streicht sich zum zweihundertsten Mal über das von Bartstoppeln raue Kinn. Der Bewuchs im Gesicht glänzt eisgrau, was Wigfield das Aussehen eines etwas verwegenen und verlebten Kerls gibt.

Er könnte auch in einem Werbespot für Bier auftreten,

denkt Blackcomb. Für einen kurzen Moment ist sie von der unangenehmen Aufgabe, die ihr und Wigfield bevorsteht, abgelenkt.

»Wie konnte das passieren?«, murmelt Wigfield zum ungefähr zweihundertsten Mal.

Anna Blackcomb verdreht die Augen. »Jammern hilft auch nicht weiter. Es ist nun mal geschehen. Fehler passieren.«

»Aber Fehler, die zwei Menschenleben kosten, *dürfen* nicht passieren.«

Er weiß genau, dass die Frau am Steuer, mit der er seit Jahren ein Team bildet, nicht annähernd so hart ist, wie sie sich gegenüber ihrer Umwelt präsentiert. Anna leidet wie ein Hund. Sie leidet umso mehr, weil sie weiß, dass es ihrer beider Fehler war.

»Vielleicht lässt du mich lieber reden, wenn wir die Heavens gleich …«

»Das kommt gar nicht infrage«, beendet Anna das Gespräch.

Sie haben die Zufahrt zur Rennstrecke erreicht. Anna steigt voll in die Bremsen, als sie merkt, dass sich die Schranke nicht automatisch öffnet. Thomas Wigfield rutscht im Sitz nach vorne. Auch die Sicherheitsgurte sind in diesem Witz von einem zivilen Polizeifahrzeug marode! Sein aufgewühlter Magen schickt einen sauren Gruß in die Speiseröhre. Die rot und weiß gestreifte Schranke schwebt keinen halben Meter vor seinen Augen, die Windschutzscheibe hat sie noch mit einem leisen *Klack* angetitscht.

In dem Häuschen neben der Schranke schreckt ein Wachmann auf, der hinter einem Pult mit blinkenden Lämpchen, Reglern und Bildschirmen eingeschlafen war. Der spärlich behaarte Kopf des Pförtners erscheint im Fenster der Tür, dann wuchtet sich der birnenförmige Mann in einer fantasievollen dunkelgrünen Uniform mit allerlei Abzeichen, Messingknöpfen und goldbestickten Schulterklappen aus seinem bedrohlich ächzenden Bürostuhl.

»Welchem drittklassigen Kinofilm ist der denn entsprungen?«, murmelt Anna Blackcomb. »Der sieht ja aus wie ein Karnevals-General!«

Der Wachmann setzt in aller Ruhe seine pompöse Schirmmütze auf und ruckelt die weit unter den fetten Bauch gerutschte Hose zurecht. Jetzt ist er bereit, die ungebetenen Gäste zu begrüßen.

»HabenSienochalleTassenimSchrankBewegenSiedie-RostlaubegefälligstvomGeländeHieristnochnichtslosse-henSieeigentlichwievielUhresistDieRennenbeginnen-erstinichweißnichtwievielStunden«, poltern die Worte ohne Punkt und Komma hervor.

Als Anna ihm ihren Dienstausweis und ihre Polizeimarke wortlos unter die Nase hält, lüpft der Mann blitzschnell die Mütze. Unterwürfig beginnt er, sich zu verteidigen.

»Sir, äh, ich meine, äh, Officer, also, ich habe mit den Ersatzteilen nichts zu tun, ehrlich, ich öffne nur die Schranke und schaue nicht hin, das müssen Sie mir glauben, ich habe immer gesagt, das geht irgendwann schief, Mortimer steckt hinter allem, der klaut die Sachen bei den Teams und vertickt sie, ich hab nur das T-Shirt von Lewis Hamilton als Andenken, na ja, ich bin meinen Job los, wenn die das erfahren …«

»Uns interessieren Ihre krummen Nebengeschäfte hier nicht, Mister ...«, Anna nimmt das Namensschild des schwitzenden Dickerchens ins Visier, »... Mister Brockinghurst.« Ein Strahlen geht über das Gesicht des Mannes. »Im *Moment* jedenfalls nicht«, schockt Anna ihn sofort. »Wo finden wir das Heaven-Team?«

»AhdieHeavensdassinddieNeuenichhabdochimmergesagtdassdiesearmenSchluckernichtsinderUltraSpeedkidzz-Challenge...«, sprudelt Brockinghurst sofort los.

»WO FINDEN WIR DIE HEAVENS?«, blafft Anna Blackcomb.

Erschreckt hopst der Wachmann einen Schritt zurück, stolpert über den Bordstein und platscht mit seinem dicken Hintern auf den Asphalt. Er verkneift sich ein wehleidiges Geschreie und Gezeter.

»Ganz hinten im Parkbereich C100, links an den Haupttribünen vorbei, dann kommt das Fahrerlager ...«

Anna sitzt schon wieder hinter dem Steuer.

»A-a-aber Sie brauchen einen Besucherausweis und Sie müssen hier draußen ...«

Ein böser Blick, mehr Aufmerksamkeit schenkt Anna Blackcomb dem Kerl nicht mehr.

»... parken.«

Anna lässt den Motor aufheulen.

Luke hockt starr wie ein Felsblock da. Er rührt keine Faser seines Körpers, nur den Abzug der Signalpistole lässt er Millimeter für Millimeter zurückgleiten, ohne jedoch den Finger ganz wegzunehmen. So kann er jederzeit doch noch abdrücken und sobald die Person in seinem Rücken ihre Waffe wegnimmt, wird er es auch tun.

»Du hast genau zwei Möglichkeiten«, flüstert die Gestalt weiter. »Erstens: Ich mache einen Riesenkrach und du wirst erwischt, mitsamt dem Mädchen und dem Typ im Beiboot.«

»Und die zweite Möglichkeit?«

»Ich bin mucksmäuschenstill und ihr nehmt mich mit.«

Luke stutzt. Hat er das gerade richtig verstanden? Jetzt wendet er ganz behutsam den Kopf zur Seite, aber sofort drückt sich das kalte Metall wieder in seinen Nacken.

»Ich habe euch schon seit zehn Minuten beobachtet. Ich kenne auf dem Schiff jeden Winkel und ihr habt so viel Radau gemacht, dass die Queen auf ihrem Landsitz davon hätte wach werden müssen. Glücklicherweise guckt sich die ganze Mannschaft das WM-Achtelfinale an.«

Die Person gibt sich nun gar keine Mühe mehr, ihre Stimme zu dämpfen. Luke kommt deren Klang bekannt vor, in seinen kleinen grauen Zellen glühen die Synapsen schon, aber er will nicht darauf kommen, an wen sie ihn erinnert. Eine weibliche Stimme, eine junge Stimme. Nicht Hammersmith, nicht Porter und auch nicht Robert Wickham.

Jetzt beugt sich die Gestalt nach vorne, ohne den Druck in Lukes Nacken zu verringern. Sie streift mit einer Hand über Lukes ausgestreckten Arm, erreicht die Hand, dann die um den Griff und den Abzug der Waffe geschlossenen Finger.

Fast schmiegt sich die Wange der Frau oder des Mädchens an seine. Ein süßer Duft zieht Luke in die Nase. Süß, schwer, aber angenehm. Ein Parfüm. Fast möchte Luke die Augen schließen, seine Nase an der Wange reiben und den Geruch aufsaugen.

EINEN MILLI-
METER WEITER
UND DU BIST
TOT.
IHR NEHMT MICH
MIT ODER ICH
VERRATE EUCH.
PAFF
ZISCHHHHHHHH...

Patricia Wickham.

Die Erinnerung explodiert zeitgleich mit dem Abschuss der Waffe in seiner Hand. Es ist die Tochter des Doublemart-Eigentümers, des Bosses, des miesen Kerls, der Luke und Jinks und das ganze Heaven-Team am liebsten auf dem Grund des tiefsten Ozeans sehen würde – mit Bleigürteln um den Hals.

Sie hat ihren Finger über den von Luke gelegt und die Signalpistole in Lukes Hand abgefeuert. Das Geschoss zischt über das Oberdeck, schlägt gegen die offene Tür zur Brücke, prallt ab und findet seinen Weg ins Innere.

Eine kleine Ewigkeit scheint zu vergehen, erst dann zündet die Feuerwerksladung in der Patrone. Rauch und orangerotes Licht erfüllen den Raum. Luke zählt die Sekunden mit: 1 … 2 … 3 … 4 … 5 … 6 …

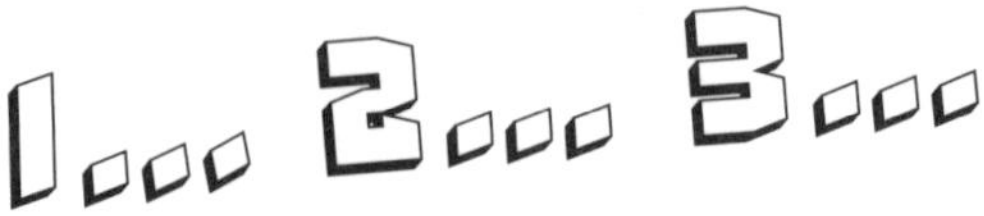

Die Ladung ist verglüht. Eine Sirene heult in die erste Morgendämmerung, weit über das Wasser schallt der Ton.

»Wir sollten uns aus dem Staub machen.« Pat Wickham springt auf und stößt Luke dabei zur Seite. Er kullert seitwärts auf die Holzplanken, kann sich aber mit den Ellenbogen noch abstützen. »Oder willst du hier Wurzeln schlagen?« Pat schiebt den metallenen Griff einer Haarbürste in den Hosenbund und lacht. »Du hast gedacht, das sei 'ne Kanone, was?«, kichert sie. »Los jetzt, mein Vater und seine Leute freuen sich ganz bestimmt nicht über Frühstücksgäste an Bord!«.

Luke springt auf. Er hastet die Treppe hinunter aufs Unterdeck, wo Jinks wartet. Pat folgt ihm. Sie wartet gar nicht erst ab, dass Jinks irgendetwas fragen oder Luke irgendetwas erklären könnte. Mit einem weiten Satz hechtet sie rüber auf das Motorboot.

»Hey …«, bringt Preston bloß hervor, lässt aber das Steuerrad nicht los.

»Jinks, du muss jetzt springen. Mit mir zusammen, okay? Gib mir die Hand!«

Auf dem Oberdeck erscheinen die ersten Besatzungsmitglieder. Hektisch wuseln sie hin und her, bis auch der Kapitän und Robert Wickham aus ihren Kajüten gestürzt sind. Wickham übernimmt sofort das Kommando, blafft Befehle in alle Richtungen. Er denkt überhaupt nicht daran, seinem Kapitän die Gewalt über das millionenteure Schiff zu überlassen. Er übergeht auch die Versuche seines Angestellten, ihn auf die Personen im Heck der Yacht aufmerksam zu machen.

»Das Motorboot … da … Ihre Tochter …«

Erst beim letzten Wort horcht Wickham auf. »Pat?«, fragt er ins Leere hinein, denn der Kapitän hat sich einen Feuerlöscher geschnappt und hastet zur Brücke. Wickham dreht sich um. Tatsächlich, seine Tochter, im Beiboot, das knapp hinter dem Heck dümpelt. Ein fremder Junge steht am Steuer. Und auf dem Unterdeck zwei weitere Gestalten. Dieser Rennfahrer und seine kleine indische Freundin.

»Porter! Hammersmith!«, schreit Wickham. »Hierher, sofort!«

5.

Cecil Heaven dreht die Flamme des Campingkochers herunter, bis die Gaszufuhr versiegt. Wieder einmal, das lernt er wohl nie, verbrennt er sich die Finger an dem zerbeulten Kessel, in dem Luke schon immer das Wasser für den ersten Tee am Morgen kocht. Heute flucht er nicht einmal über den kurzen stechenden Schmerz. Er bereitet den Tee auch nicht für sich und Lukes Mutter und Luke. Selbst für einen Frühaufsteher wie ihn ist es noch verdammt früh, aber ohne einen Tee steht er das Gespräch mit den beiden Polizisten sicher nicht durch.

Anna Blackcomb und Thomas Wigfield sitzen in den wackeligen Klappstühlen, die sonst für Luke und Sophie reserviert sind. Sie haben ihn zu dieser nachtschlafenden Zeit aus den Federn geholt und ihm eine schier unglaubliche Geschichte aufgetischt.

Jinks und Luke als Köder für einen Schwerverbrecher! Jinks verschwunden! Die beiden jungen Polizisten, die Jinks überwachen sollten, tot! Cecil ist heilfroh, dass seine Frau Sophie über einen gesegneten Schlaf verfügt und nichts von alldem mitbekommen hat.

»Mister Heaven, wir waren uns der Sache absolut sicher. Keiner konnte damit rechnen, dass Wickhams Männer so außer Kontrolle geraten«, setzt der Polizist, dem eine Ohrmuschel fast völlig fehlt, entschuldigend an. Er erntet einen bösen Blick seiner Kollegin, aber es ist zu spät. Der Name ist raus.

»Wickham?«, echot Cecil Heaven auch schon.

»Jepp, wir sind schon lange hinter ihm her«, bestätigt Anna Blackcomb.

»Jetzt wird mir einiges klarer.« Cecil schlürft vorsichtig den heißen Tee.

Als Thomas Wigfield erneut zum Sprechen ansetzt, kickt Anna ihn einmal schnell und hart mit dem Absatz ihres Stiefels an, bevor er ausplaudert, dass sie zu allem Überfluss zuerst Jinks' und dann auch Lukes Peilung über das Handy verloren und damit keinerlei Ahnung haben, wo sie sein könnten.

»Wir haben leider Ihren Sohn nicht telefonisch erreichen können«, bringt sie stattdessen in einem erstaunlich gleichmütigen Ton hervor.

Sie hat keineswegs vor, sich eine weitere Blöße zu geben und einzugestehen, dass ihr Plan, der ein gutes Stück abseits der üblichen Dienstwege verlief, zu einem Desaster auf voller Linie geführt hat. »Wir wissen, dass Luke gestern Abend in Leybridge gewesen sein muss …«

»Leybridge?«, unterbricht Cecil die Polizistin. »Völlig unmöglich. Das ist ungefähr«, er grübelt, »na, sicher fast zwei Stunden von hier entfernt, ja, das ist an der Küste. Außerdem liegt der Junge in seinem Zelt und pennt. Morgen, äh, *heute* Nachmittag ist der wichtigste Tag seiner Karriere. Wir starten bei einem Rennen hier, verstehen Sie? In der *Ultra Speedkidzz Challenge*. Luke braucht seine Nachtruhe.«

»Sie müssen ihn trotzdem wecken.«

»Wen müssen wir wecken?«, fragt eine verschlafene Stimme. Sophie Heaven kriecht mit zerzausten Haaren aus dem Hauszelt.

»Darling, es ist noch viel zu früh …« Cecil versucht, sie wieder zurückzuschieben.

»Was sind das für Leute?« Sie reibt sich die verschlafenen Augen. »Mrs Blackcomb?«, seufzt Sophie, als sie die Polizistin erkennt. »Wenn ich nicht genau wüsste, dass Luke dieses Mal nicht in brennenden Häusern herumgeistern kann, würde ich mir fast Sorgen machen«, versucht sie zu scherzen. Mit einiger Verzögerung meldet sich nun aber doch ihr untrüglicher Instinkt zu Wort. Das Lächeln verschwindet aus Sophie Heavens Gesicht. »Sie haben den Täter, der Mister Jangals Haus angezündet hat? Ist etwas mit Mohinder passiert? Oder Jinks? Oh Gott, Jinks, es ist Jinks! Ist ihr etwas zugestoßen?«, purzeln die Befürchtungen aus ihr heraus.

Sophie stürzt zu dem kleinen Zweipersonen-Zelt, in dem sie Luke schlafend glaubt. Ihre Rufe nach ihm werden lauter. Sie rüttelt an der Zeltstange, bis sich ein Spannseil lockert und einer der Heringe nachlässt, die die Verspannungen im Boden fixieren. Die Statik des Zeltes wird instabil und die Plane sinkt in sich zusammen.

In der Aufregung bemerkt Sophie zuerst gar nicht, dass etwas ausbleibt: Lukes lautstarkes Gemaule, wenn man ihn zu früh aus den Federn werfen will. Unter dem eingesunkenen Zeltdach regt sich nichts. Nichts ist zu hören. Keiner strampelt. Keiner flucht. Keiner droht mit dem Auszug aus dem Elternhaus, mit einer Beschwerde bei der Menschenrechtskommission oder zumindest damit, nie wieder samstags freiwillig die Frühstücksbrötchen zu holen.

Jinks steht wie zur Eissäule erstarrt da. Nur ihre Augen flattern wild von links nach rechts, nach oben, unten, kreuz und quer. Sie hört die Schreie von Wickham oben auf der Brücke. Die fluchenden Helfershelfer poltern aus ihren Kajüten. Luke hält sie an beiden Händen und brüllt auf sie ein, aber die Worte verhallen in ihrer Angst.

Er reißt sich etwas vom Hals und drückt es Jinks fest in die Hand. Der heilige Christophorus. Luke hatte ihn an einem Band um den Nacken getragen, sonst klebte der kleine Magnet irgendwo im Cockpit von Lukes Rennauto. Ein Talisman, ohne den Luke im Training oder Rennen seinen Wagen keinen Zentimeter vorwärtsbewegt und den er auch sonst fast immer bei sich trägt.

»Schau ihn dir an, er trägt das Kind übers Wasser, du bist sicher … Wir müssen springen. Jinks, spring!«

Wir müssen springen. Wir müssen springen. Spring! Spring! Spring!

Wir werden sterben. Das ist der einzige Gedanke, der Jinks beherrscht. Wir werden sterben. Wir werden ertrinken. Wie ihre Eltern. Ertrinken. Nie gefunden werden. Verschwunden. In der Weite des Meeres. Sie umklammert die Heiligenfigur, aber sie springt nicht.

Plötzlich spürt sie zwei kräftige Arme. Sie schlingen sich um Jinks' Oberkörper. Im ersten Moment muss sie an den Augenblick denken, als Wickhams Männer fürs Grobe sie gepackt und in den Kastenwagen gezerrt haben. Dann sieht sie Lukes Gesicht, ganz nah vor ihrem. So nah ist sie ihm noch nie gewesen.

JINKS, WIR MÜSSEN SPRINGEN!
AAAAAAH!
SPLASH!

Für den Bruchteil einer Sekunde funkt ein völlig dummer Gedanke durch ihren Kopf. Was wäre, wenn er mich jetzt küssen würde? Unsinn! Sie sind auf einem Schiff mit lauter Verbrechern, ohne Ausweg. Und sie fragt sich, was wäre, wenn Luke sie jetzt küssen würde. Idiotin, du hast …, schimpft sie sich selbst. *Was* sie hat, kann Jinks nicht mehr zu Ende denken. Die Arme, die Luke in unzähligen Liegestützen und an dem Sandsack in seinem Zimmer, an dem er sich oft die Knöchel wund boxt, trainiert hat, pressen Jinks noch fester an sich.

Jinks verliert den Boden unter den Füßen. Endlich löst sie sich aus ihrer Erstarrung, aber tun kann sie nichts mehr. Sie ahnt, was Luke vorhat. Augenblicklich strampelt sie mit den Beinen.

»Nein, Luke, um Gottes willen …«

»Doch!«, schnauft Luke und schickt noch einen gellenden Schmerzensschrei hinterher, als Jinks einen Volltreffer gegen sein Schienbein landet.

Der Fall ist, da sie sich zuletzt auf dem Unterdeck befanden, nicht sehr tief. Ein Sprung von den berühmten Klippen in Acapulco hätte jedoch nicht schlimmer sein können. Als ihre Füße das Wasser erreichen, presst Jinks Augen und Lippen fest zu. Das kalte nasse Grauen schnappt Zentimeter für Zentimeter nach ihr.

»Keine Angst«, hört Jinks Lukes Stimme.

Sie kriegt noch genau ein Wort raus, bevor die Nordsee über ihrem Kopf zusammenschlägt. »Arschloch!«

Jinks hatte vor dem Wasser Angst. Panische, unkontrollierte, diffuse Angst. Erst jetzt, wo sie langsam in Lukes festem Griff nach unten gleitet, geht ihr auf, dass sie keinerlei konkrete Vorstellung davon hatte, wie es ist, wenn man ertrinkt.

Du ertrinkst nicht, verdammt, du ertrinkst nicht.

Etwas in Jinks meldet sich zu Wort. Es ist nicht die Jinks, die sie kennt. Es ist nicht diese innere Stimme in ihr, die sonst so schnell und zielsicher Jinks' Gedanken und ihr Handeln bestimmt.

Es ist nicht deine Zeit. Benimm dich nicht wie eine kleine dumme Pute. Du bist keine dumme Zicke, die nur zum Shoppen und Schminken zu gebrauchen ist.

Alles scheint gleichzeitig in Zeitlupe und in Highspeed in ihr abzulaufen. Zu Jinks' Erstaunen quillt nicht sofort das Wasser in alle Öffnungen und Poren. Es gluckst in ihren Ohren. Ein Orchester von Wesen, die an einer Musikhochschule für Außerirdische studiert haben. Instinktiv schafft Jinks es, so viel Gegendruck zu erzeugen, dass sie sich das Wasser selbst aus den Nasenlöchern fernhalten kann. Die Schwärze, sie muss etwas gegen die Dunkelheit unternehmen.

Jinks reißt die Augen auf. Das Salzwasser brennt.

Seife ist schlimmer. Du hast auch als Kind nie die Augen beim Shampoonieren deiner dicken Mähne geschlossen. Weiter, Jinks, weiter.

Ein wilder Tanz von Bläschen schäumt an ihrem Körper auf. Ein verzerrter Lichtstrahl durchstößt die Fluten. Jemand hält mit dem Suchscheinwerfer auf sie. Das Licht bricht sich tausendfach in den Strudeln und Wellen. Luke rudert vor ihren Augen mit den Armen. Seine aufgepumpten Wangen, die weit aufgerissenen Augen, alles nimmt schemenhafte Züge an, weil er sich ein wenig von ihr entfernt. Aus weiter

Ferne hört sie Schreie. Rufe nach ihr und Luke, »Joooooa-innnkss … Luaag …«, aber auch das verzerrte Gebrüll von der Yacht.

Tu, was Luke tut,

JOOOOOAINNNKSS

folge ihm, schnell, die Luft hält nicht ewig.

Hört man Stimmen, bevor man ertrinkt?, fragt Jinks sich, aber sie gehorcht.

Luke fuchtelt weiter, deutet in die Richtung des Beiboots, wo Jinks nun das zarte Sprudeln des Außenbordmotors erahnt. Luke nimmt ihre linke Hand, mit seinem freien Arm paddelt er in ruhigen Schwimmbewegungen. Sie macht es ihm nach. Sie will nach oben, aber Luke reißt die Augen noch weiter auf und bedeutet ihr, unter Wasser weiterzuschwimmen.

Keine Luft, die Luft, sie reicht nicht mehr!, möchte Jinks schreien, aber Luke nimmt keine Rücksicht. Nach ein paar Metern muss auch er auftauchen.

Beide schnellen nach oben. Fast gleichzeitig durchstoßen ihre Köpfe die Oberfläche. Jinks japst nach Luft, saugt sie tief in ihre Lungen. Aber Luke lässt ihr keine Sekunde Zeit zum Ausruhen.

»Weg hier«, befiehlt er, »wir sind noch zu nah an den Schrauben der Yacht.«

Jinks' Versuch einer Antwort geht im wahrsten Sinne unter. So gut sie unter Wasser ihre Panik in den Griff bekommen hat, so wenig gelingt ihr das jetzt. Keine Stimme kommt ihr zu Hilfe. Ein Schwall der salzigen Bedrohung schwappt ihr beim Versuch, die Lungen mit Sauerstoff vollzupumpen, in den Rachen. Ihr Beine strampeln wie von selbst, leider schlagen ihre Arme genauso wild umher und treffen ein ums andere Mal Luke.

Er versucht ihr auszuweichen, hinter sie zu kommen, sie am Kinn zu packen. Vergeblich. Jinks ist eine Furie, die ums Überleben kämpft, die nicht mehr lange leben wird, wenn sie nicht in genau drei Sekunden schwimmen lernt.

Plötzlich zischt etwas durch die Luft. Trotz der aufkommenden Morgendämmerung kann Luke nicht so schnell erkennen, was es ist. Ein letzter Schrei aus Jinks' Kehle ertönt, dann kippt seine beste Freundin langsam nach vorne. Ihre Augen sind weit aufgerissen. Ungläubig starrt sie Luke an, bevor sie gemächlich ins Wasser sackt. Ihr Oberkörper hat noch Auftrieb, die Arme schwimmen ausgestreckt links und rechts und wogen leise hin und her. Ihre langen Haare verteilen sich wie ein schwarzer Strahlenkranz um ihren Kopf herum.

Die Zeit steht für einen Herzschlag still. Luke erwartet einen zweiten Schlag oder Schuss, der auch ihn trifft. Doch nichts passiert. Er dreht Jinks auf den Rücken. Erst jetzt bekommt er wieder einen Blick für seine Umgebung, die im Kampf um Jinks' Überleben völlig im Nichts verschwunden war.

Auf der Yacht laufen die Besatzungsmitglieder hin und her. Die Signalpatrone hat ein Feuer ausgelöst. Wickham steht auf dem Unterdeck, wo sich vor einer gefühlten Ewigkeit – tatsächlich sind es weniger als zwei Minuten – noch er und Jinks befanden. Er schreit Befehle, Hammersmith und Porter rennen zurück ins Innere des Schiffs. Luke weiß, was sie dort holen sollen. Die beiden haben schon bewiesen, dass sie nicht zögern, auf Kids zu schießen.

Auf dem Motorboot fuchtelt Patricia Wickham mit etwas herum. Eine Holzstange mit einem Haken, der dazu dient, Boote an eine Kaimauer oder ein anderes Boot zu ziehen. Jetzt kapiert Luke, was passiert ist. Pat hat Jinks ausgeknockt.

»Ich wollte sie heranziehen, nicht totschlagen«, kreischt Pat.

»Näher ran, Luke, bring sie näher ran, an die Trittleiter, schnell«, schreit Preston.

Luke umfasst mit beiden Händen Jinks' Kopf, sodass er auf seiner Brust zum Liegen kommt. Er hält ihr Gesicht gerade eben über Wasser, stützt ihr Kinn mit einer Handfläche, umgreift mit dem anderen Arm Jinks' Oberkörper und stabilisiert ihn. Wie ein auf dem Rücken schwimmender Frosch stößt er die Beine immer wieder von sich und bewegt sich mit ihr auf die Trittleiter zu.

Jetzt nimmt Preston den Bootshaken aus Pats Händen und angelt nach Jinks' T-Shirt. Er erwischt es, zieht daran, aber der Stoff reißt entzwei. Lukes Lunge will explodieren, seine Beine werden schwer. Er spürt, wie die Klamotten des französischen Matrosen bleischwer an ihm hängen. Zweimal sackt Jinks' Kopf unter Wasser. Luke stößt einen verzweifelten Fluch aus.

Endlich! Die Trittleiter!

Luke löst seinen Griff um Jinks' Brust, um sich selbst festzuhalten. Sofort sackt der leblose Körper ab, aber Preston ist zwei Tritte hinabgestiegen und erwischt sie an den Haaren. Luke fasst nach, umklammert Jinks' Bauch. Er versucht, sie ein wenig nach oben zu schieben. Es misslingt. Er sackt selbst ab, schluckt eine ordentliche Ladung Wasser. Wieder

WEG HIER, WIR SIND ZU NAH AN DEN SCHRAUBEN!
ZACK
NÄHER RAN, LUKE!
ICH HAB SIE!

greift er mit einer Hand nach der Leiter, drückt den schweren Leib des Mädchens hoch.

»Ich hab sie!«, schreit Preston. »Pat, die andere Seite!«

Patricia greift, weit über die Reling gebeugt, genau wie Preston unter die Achsel und zieht, zieht wieder, bis Jinks' Oberkörper endlich hoch genug reicht und vornüber ins Boot kippt.

Pat blickt auf und sieht ihren Vater auf dem Unterdeck der Yacht. Neben ihm haben sich Dave Porter und Joe Hammersmith aufgebaut. Wie zwei schlechte Bodyguard-Imitationen stehen sie breitbeinig da, halten ihre Waffen mit beiden Händen, die Arme ausgestreckt. Es fehlen nur noch zwei dunkle Sonnenbrillen und die Witzfiguren wären komplett, denkt Pat. Aber sie weiß, dass die Widerlinge keine Witzfiguren sind. Sie tun alles, was ihr Dad ihnen befiehlt. Alles!

Deshalb tritt sie nah an die Reling, breitet die Arme aus. »Beweg deinen Hintern in das Boot«, blafft sie Luke, der sich mit letzter Kraft an Bord hievt, an. »Schmeiß den Motor an und gib Gas!«, befiehlt sie Preston. »Lange kann ich die nicht in Schach halten.«

Sie wendet sich der Yacht zu. »Schießt doch!«, schreit sie hinüber.

SCHIESST DOCH!

Hammersmith und Porter verharren in ihrer Pose, werfen aber ängstliche Blicke zu ihrem Chef.

»Sollen wir?«, fragt Hammersmith.

»Du vertrottelter, hirnloser Affe!«, gibt Wickham zurück.

»Natürlich nicht. Bei euren Schießkünsten kann ich gleich einen Kranz für meine Tochter bestellen. Solange sie sich an Bord dieser Nussschale aufhält, tut ihr nichts, gar nichts. Ihr habt schon genug Mist gebaut. – Und du …«, er legt beide Hände zu einem Trichter an die Lippen und wendet sich an Pat, »… du wirst diese Nacht noch bitter bereuen.«

Aber Pat hört schon nichts mehr. Der Kickstart, den Preston hinlegt, wirft sie fast von den Beinen. Sie hockt sich neben Luke, der Jinks' Wange tätschelt. Er hat keine Ahnung, was er tun soll.

»Ist sie tot? Sie ist tot!«, flüstert er immer wieder.

Pat schiebt ihn zur Seite. Sie dreht Jinks mit einer raschen Bewegung auf den Bauch, umfasst diesen mit beiden Armen und drückt heftig und schnell zu.

Im selben Augenblick dreht Preston den Motor des Bootes voll auf, dessen Bug sich aufbäumt und gegen die Wellen weit aus dem Wasser ragt. Die große und stärkere, aber auch schwerfälligere Yacht beginnt einen weiten Bogen zu ziehen. »Wenn der Kapitän erst einmal Kurs auf uns genommen hat, verarbeitet der Kiel von dem Pott uns zu Kleinholz«, schreit Preston gegen den Fahrtwind an.

»Hilf mir, sie zu halten«, befiehlt Pat.

Endlich wacht Luke aus der Schockstarre auf, die ihn gelähmt hat, seit er sich an Bord gehievt hat. Er springt auf, kommt ins Schwanken, aus Erschöpfung, aber auch, weil er in dem rasenden Boot kaum Halt findet. Auf der Höhe der nächsten Welle drückt Pat wieder zu.

Mit einem Schrei spuckt Jinks einen Schwall Wasser aus. Es strömt über Lukes Beine. Noch nie hat Luke sich so gefreut, angespuckt zu werden! Jinks hustet, japst nach Luft, spuckt noch einmal das salzige Nass und sinkt wieder in Pats und Lukes Arme.

»Ich würde sagen, sie ist *nicht* tot«, bemerkt Pat trocken.

»Aber wir sind es gleich!«, ruft Preston. Mit einer Hand krallt er sich am Steuerrad fest. Die andere weist über das Heck hinaus.

Die Yacht mit dem schönen Namen *Patricia* hat gewendet und nimmt Fahrt auf.

6.

Anna Blackcomb fuchtelt mit den Armen und schreit: »Da unten, sehen Sie das?«

Cecil Heaven zuckt zusammen. Die Polizistin hat vergessen, dass sie über ein Mikrofon miteinander sprechen können, weil ein klobiger Kopfhörer ihre Ohren verdeckt.

In der Morgenröte des anbrechenden Tages dröhnen die Rotoren des Helikopters. Sie scheuchen eine ganze Kolonie von Möwen aus ihren Nestern, die kreischend über den Klippen kurven.

»Weiter runter!«, schreit Blackcomb nun den Piloten an. »Können wir weiter runter?«

Der drahtige Mann mit der von Sommersprossen übersäten Nase nickt kommentarlos, reicht seinem Passagier zudem ein Fernglas, das in einer Halterung direkt neben seinem Sitz steckt. Lukes Vater ist schneller und rafft sich den Feldstecher. Er hält ihn vor die Augen und sieht – nichts. Blackcomb schüttelt den Kopf abfällig. Sie beschreibt einen Kreis mit dem Zeigefinger. Cecil kapiert. Falsch herum. Er dreht das Glas, reguliert die Schärfe, während der Hubschrauber an Höhe verliert.

»Eine Yacht … ein Motorboot … vier Personen …«, gibt der Chef des Heaven-Teams einen Report im SMS-Stil. Als er die vier Personen näher ins Visier nimmt, stockt ihm der

Atem. Das Blut entweicht aus seinem Gesicht. »O Gott!«, stößt er aus.

»WAS?«, brüllt Blackcomb wieder.

»Die wollen das Boot … RAMMEN! In der Nussschale sind Luke und Jinks und …«, einen Moment lang kann Cecil seinen Augen nicht trauen, »und Preston Wilder.«

»Wer ist die vierte Person?«, will Blackcomb wissen.

Cecil Heaven hebt die Schultern. »Keine Ahnung. Noch nie gesehen.« Er reicht der Polizistin das Fernglas.

»Heilige Schei…« Sie verkneift sich den Fluch gerade noch. »Das ist Wickhams Tochter Patricia. Dann ist ja wohl klar, wem der riesige Pott gehört.« Sie schwenkt zu der Yacht, sucht die Bordwand nach dem Namen des Schiffes ab. »Es ist die *Patricia*.«

Cecil schüttelt verständnislos den Kopf.

»Er hat seinen Luxusliner nach seiner Tochter benannt. Oder umgekehrt, keine Ahnung.«

»Das ist mir auch egal«, antwortet Cecil. »Der Kerl bringt es fertig und versenkt seine eigene Tochter.«

Darauf kommt kein Kommentar von Blackcomb. Sie weiß, dass Wickham alles zuzutrauen ist. »Haben Sie einen Außenlautsprecher, können wir zu denen da unten …«

Der Sommersprossige schüttelt den Kopf. Blackcomb kann froh sein, dass sich einige der schwerreichen Motorsportfans mit ihren privaten Helikoptern zur Rennstrecke bringen lassen. Sie hat den Hubschrauber mit dem passenden Namen *Lucky Luke* schlichtweg konfisziert.

»Aber wir müssen etwas tun.« Lukes Vater versucht den Gurt, der ihn auf dem Sitz hält, zu öffnen. Hektisch fummelt er herum, findet jedoch in seiner Panik den Verschluss nicht.

»Bleiben Sie um Himmels willen sitzen«, befiehlt der Pilot. Er ist dabei ganz ruhig, aber seine schneidende Stimme klingt so entschieden, dass Cecil Heaven sich nicht mehr rührt.

Im selben Moment setzt der Helikopter zum Sturzflug an.

»Aaaaaaaaah«, jault Cecil Heaven und selbst Blackcomb stößt ein leises, aber angsterfülltes »Oh ... oh ... ooooh« aus. Als hätte der Schuss aus einer Flinte eine Ente am Himmel erwischt, stürzt die Maschine der Wasseroberfläche entgegen. Cecil erinnert sich, wie ein Mechaniker in der Boxengasse nach einem Fernsehbericht über die missglückte Notwasserung eines Jumbos meinte, Wasser sei so hart wie Beton. In wenigen Sekunden wird er aus fünfzig Metern Höhe also auf Beton knallen. Wozu einen Sicherheitsgurt?, fragt sich jetzt auch Anna.

»Was ist los, verdammt, was tun Sie da?«, kreischt die Polizistin. Sie ist froh, dass weder Wigfield noch ein anderer der Machos aus ihrer Dienststelle sie so erlebt. Allerdings wäre es auch egal, weil jeder in dieser Nuckelpille von Hubschrauber in drei Sekunden mausetot wäre und niemand mehr etwas davon erzählen könnte.

»Festhalten!«, knurrt der Pilot, allerdings krallen sich seine beiden Passagiere sowieso schon mit aller Kraft an die unbequemen Sitze ihres fliegenden Sarges.

»Das wagt er nicht!«, ruft Patricia Wickham aus, aber sie ist sich nicht sicher, ob sie den Mann, der ihr Vater ist, wirklich kennt.

Wenn es um ihn und um seine Geschäfte geht, gibt es für Robert Wickham kein Pardon. Pat war sich schon immer sicher, dass ihr liebender Daddy auch seine Finger im Spiel hatte, als ihre Mutter Susan von einem Tag auf den anderen verschwand. Sie war vielleicht keine Bilderbuch-Mum, Pat hatte ziemlich eindeutige Briefe und sogar ein paar Fotos gefunden, die auf mehr als nur einen Liebhaber hinwiesen, aber einfach ohne ein Wort abzuhauen, das wäre nicht ihr Stil gewesen. Ein großer Abgang mit Presse und Streit ums Sorgerecht für die Tochter – das schon eher.

»Und ob er das tut«, mischt Jinks sich ein. Sie ist kaum zu Atem gekommen, immer noch dreht sich alles vor ihren Augen. Die Lunge brennt, die Augen brennen und die kleine Platzwunde am Kopf, die Pat ihr mit dem Bootshaken zugefügt hat, brennt ebenso. Ansonsten schlottert sie am ganzen Körper. Angst, Müdigkeit und totale Erregung wechseln sich ab.

Für weitere Auseinandersetzungen darüber, ob und wie sie die nächsten zehn Minuten überleben, bleibt keine Zeit. Luke bemerkt das flappende Geräusch zuerst. *Flaprapflaprapflaprap* nähert sich ein Hubschrauber

von der Küstenseite her. Gegen den Wind und in der Aufregung des Kampfes hatte keiner den Krach der Rotoren gehört. Jetzt aber ist der Lärm nicht mehr auszublenden.

»Wir können's uns aussuchen: Von der Yacht versenkt zu werden oder unter dem abstürzenden Ding begraben zu werden«, versucht Preston einen coolen Spruch loszulassen. Aber auf coole Sprüche hat keiner mehr Lust.

NICHTS WIE WEG!
FLAP FLAP FLAP FLAP FLAP
IST SIE TOT?
DU WIRST DIESE NACHT NOCH BITTER BEREUEN!

Der Helikopter nähert sich tatsächlich in einem rasanten Sturzflug. Im Morgenlicht können die vier Jugendlichen deutlich das grinsende Gesicht des Piloten erkennen, der keinerlei Angst zeigt. So fröhlich möchte ich in den letzten Sekunden meines Lebens sein, denkt Luke.

Genauso überraschend, wie sie aufgetaucht und heruntergeschossen ist, dreht die Maschine knapp über der Wasseroberfläche ab, beschreibt eine Halbkurve, umrundet im Tiefflug einmal die Yacht und setzt exakt zwischen den beiden Booten zu einem senkrechten Sinkflug an.

Wie eine überdimensionale Hummel surrt *Lucky Luke*, wie ein Schriftzug auf dem Seitenteil verrät, zwischen den beiden Wasserfahrzeugen. Die von den Rotoren erzeugten Luftwirbel peitschen das Wasser auf.

Auf der Brücke der Yacht starren der Besitzer, der Kapitän und ein paar der Besatzungsmitglieder entsetzt auf das Hindernis, dem sie sich mit voller Fahrt nähern. Wickham zögert keine Sekunde und befiehlt dem Schiffsführer, den Kurs bei voller Kraft beizubehalten.

»Sir, ich habe die Verantwortung für meine Crew und für dieses Schiff, auch wenn es Ihr Eigentum ist: Ich sage Nein!«, erwidert der Kapitän. »Den Kindern ein bisschen Angst zu machen, ist eine Sache. Einen voll besetzten Hubschrauber vom Himmel zu holen, eine andere. Wir steuern den nächsten Hafen an und dann können Sie sich einen neuen Kapitän suchen. – Hart backbord!«, befiehlt er dem Matrosen hinter dem Steuerruder.

»Das werden Sie teuer bezahlen«, droht Robert Wickham.

Der Kapitän lässt sich nicht beeindrucken. Er schüttelt den Kopf und erteilt die nächsten Befehle für die Kursänderung. Erst als er die kühle Mündung von Hammersmiths Waffe an der Schläfe fühlt, wird ihm klar, wie ernst der Eigentümer der Yacht es meint.

»Ohne Kapitän haben Sie ein Problem, Sir.«

»Das lassen Sie ganz meine Sorge sein», erwidert Wickham.

»Dann lasse ich auch diese Herrschaften Ihre Sorge sein?«, fragt der Kapitän, ohne mit der Wimper zu zucken, und zeigt auf ein weiteres Schiff, das in diesem Augenblick eine Landzunge umrundet. Ein Boot der Küstenwache hält direkt auf die *Patricia* zu.

»Verflucht!« Wickham kaut auf seiner Unterlippe. Blitzschnell spielt er die verschiedenen Szenarien im Kopf durch. Dann verflüchtigt sich der kurze Moment der Unsicherheit und er bietet dem Kapitän in der gewohnten Kälte an: »Eine Viertelmillion, wenn Sie diesen Seelenverkäufer abhängen und eine weitere Viertelmillion, wenn wir den Job vor Südafrika ohne weitere Zwischenfälle erledigt haben.«

»Klingt gut, Mister Wickham.« Die Yacht nimmt wenige Sekunden darauf volle Fahrt Richtung Ärmelkanal auf. »Ich vermute, die Häfen in Portugal und Spanien dürften ein Problem für uns werden, aber in El Jadida oder Safi könnten wir einen Zwischenstopp einlegen.« Sein ruhiger Tonfall wirkt, als bespreche er gerade die Route einer Kreuzfahrt.

7.

»Sie drehen ab!«, jubelt Luke als Erster.

Er klatscht sich mit Preston ab, drückt Jinks einmal fest an sich. Sie lässt sich erschöpft auf einen der Sitze im Heck des Motorboots sinken. »Ich will festen Boden unter den Füßen, bitte, Preston!«

Sie hätte nicht gedacht, dass sie einmal eine dermaßen dringende Bitte ausgerechnet an Preston Wilder richten würde. Preston schenkt ihr ein etwas zu langes Lächeln und murmelt zu sich selbst: »Dir erfülle ich jeden Wunsch.«

Pats Blicke hängen der schweren Yacht nach, die ihren Namen trägt und gerade mit ihrem Vater die Wellen durchpflügt.

»Warum kann man sich seine Familie nicht aussuchen?«, fragt sie sich.

»Das hast du doch gerade«, hört sie hinter sich die Stimme von Luke.

Im ersten Augenblick möchte sie dem Rennfahrer irgendeine patzige Bemerkung entgegenwerfen, doch sie rührt sich nicht, heftet ihren Blick an dem immer kleiner werdenden Schiff vorbei an den Horizont.

»Ja, sieht ganz so aus«, gibt Pat dann zurück.

»Also, erst mal willkommen im Heaven-Team.«

»Oder im Wilder-Team«, mischt Preston sich ein. »Im Moment stehe ich am Steuer«, grinst er breit übers ganze Gesicht.

Luke fährt herum. Sein Mund steht schon offen für einen scharfen Widerspruch, dann besinnt er sich.

»Werde ich eigentlich auch noch gefragt?« Jinks klammert sich mit beiden Händen am Sitz fest. Sie versucht, das auf den Wellen auf und nieder klatschende Boot, das von Preston mit Höchsttempo an der Küste entlanggepeitscht wird, zu ignorieren. »Vielleicht sollten wir Mädchen ein eigenes Team gründen?!«

Pat setzt sich neben sie. »Ich bin Pat«, stellt sie sich vor und streckt Jinks eine Hand entgegen.

Jinks umschließt sie mit ihrer Rechten. »Weiß ich …«, quetscht sie hervor, muss dann aber erst einmal tief durchatmen. »Preston, weder ist der Teufel hinter uns her, noch musst du ein Rennen gewinnen. Geht es auch vorsichtiger?«

Preston drosselt den Motor. »Ich muss sehr wohl ein Rennen gewinnen und zwar in ziemlich genau …«, er wirft einen Blick auf die Uhr, »… acht Stunden.«

»O Gott«, seufzt Jinks. Sie hat, während Hammersmith und Porter sie gefangen hielten, völlig das Zeitgefühl verloren. »Ist heute …«

»Sonntag, jepp«, bestätigt Luke. Er selbst hat in den letzten Stunden keine Sekunde mehr an das gedacht, was er eigentlich für das Wichtigste hielt.

Der erste Start in der *Ultra Speedkidzz Challenge*. Heute. Um 14 Uhr.

Jahrelang hat er darauf hingearbeitet. Jahrelang war alles dem untergeordnet. Jahrelang war klar gewesen, wer

Freund, wer Konkurrent, wer Feind war. Preston Wilder gehörte sicher nicht zu den Freunden. Jetzt sitzen sie buchstäblich im selben Boot.

Der Hubschrauber steht in sicherem Abstand über ihnen in der Luft. Hinter der Landzunge schiebt sich die Spitze des Bootes der Küstenwache vor. Ein Lautsprecher kracht und knackt, dann meldet sich eine energische Stimme: »Drosselt den Motor und bringt euer Fahrzeug auf der Steuerbordseite mittschiffs.«

»Hat jemand eine Ahnung, wo steuerbord ist?« Preston schaut ahnungslos in die Runde.

»Hätte ich gewusst, dass es hier nur Leichtmatrosen gibt, wäre ich auf dem großen Pott geblieben!«, frozzelt Pat. »Vom Heck zum Bug gesehen rechts, das ist steuerbord.«

Eine halbe Stunde später reicht eine Beamtin der Küstenwache Jinks die Hand. Das Mädchen, eingehüllt in eine grobe graue Decke, zögert, obwohl diese paar Schritte sie endlich wieder auf festen Boden bringen werden. Vor ihr liegt aber noch der Steg, der sie über den schmalen Spalt zwischen der Bordwand und der Kaimauer bringen soll. Auffordernd nickt die uniformierte Frau Jinks zu. Jinks ergreift die Hand, schließt die Augen, fünf Schritte. Festland.

»Wohl nicht ganz seefest?« In der Stimme der Beamtin schwingt keinerlei Spott, nicht einmal Ungeduld mit.

Jinks öffnet die Augen. Am liebsten würde sie sich nun einfach auf den Boden fallen lassen. Schlafen, schlafen, schlafen. Andere Gedanken kann ihr Gehirn nicht mehr zustande bringen. Ein Sanitäter, von dem Jinks nur noch die schmierigen roten Haare wahrnimmt, bettet sie auf eine Trage. Routiniert legt ein zweiter Mann in der signalfarbenen Jacke des Rettungsdienstes ihr eine Manschette zum Messen des Blutdrucks um. »Sie ist ziemlich ausgetrocknet«, stellt der Notarzt fest. »Blutdruck ist aber okay.«

Ausgetrocknet? Jinks schüttelt ein Lachkrampf. Ausgetrocknet! Sie ist klatschnass von außen und war abgefüllt mit Salzwasser. Aber ihr ist natürlich klar, dass sie in den letzten Tagen viel zu wenig Flüssigkeit zu sich genommen hat.

Der Rothaarige legt einen Zugang für Kochsalzinfusionen. Den Stich auf ihrer Handfläche spürt Jinks kaum. »Abmarsch?«, fragt der Sanitäter in die Runde.

»Nein!«, hört Jinks eine Stimme aus weiter Ferne. Ihr Bewusstsein ist vernebelt, aber sie weiß, zu wem diese Stimme gehört. Zu gerne würde sie dieser Person ein paar ziemlich deutliche Worte um die Ohren feuern, aber Jinks ist zu schwach.

Anna Blackcomb beugt sich über die Trage. »Jinks, hallo, aufwachen! Kannst du mir etwas über die Pläne ...«

»Das Kind ist nicht vernehmungsfähig.« Der Notarzt schiebt Blackcomb zur Seite und die Trage in den Rettungswagen. »Morgen vielleicht!«

Blackcomb wendet sich ein paar Schaulustigen zu, die sich, aufgescheucht von dem landenden Helikopter, zu der frühen Stunde am Hafen eingefunden haben. »Machen Sie, dass Sie wegkommen, es gibt nichts zu sehen. Ein kleines Bootsunglück, nicht mehr.«

Sie stapft zurück zu der Gruppe, die sich direkt neben der

schmalen Gangway auf der Kaimauer versammelt hat. Die drei Jugendlichen halten je einen Becher dampfenden Tees in den Händen. Keiner von ihnen wirkt so, als sei er über ein Gespräch mit der Polizistin erfreut. Cecil Heaven, dem der turbulente Hubschrauberflug kalkige Blässe ins Gesicht getrieben hat, hockt auf einem der schweren Eisenpoller, an denen das Boot der Küstenwache vertäut ist.

»Was, zum Teufel, habt ihr euch bei dieser Aktion gedacht?«, blafft Blackcomb.

»Wo, zum Teufel, sind Sie gewesen?«, blafft Luke zurück. Ihm liegen noch ein paar andere Bemerkungen auf der Zunge, aber er schluckt sie lieber wieder herunter. Ihm ist klar, dass sein Vater zwar stinksauer ist, aber noch nicht genau weiß, auf wen. Luke will seinen Zorn nicht auf sich ziehen. Stattdessen provoziert er die Polizistin in einem obercoolen Tonfall: »Wir mussten kurz *Ihren* Job erledigen und unsere Freundin Jinks aus den Händen eines Schwerverbrechers retten. Sie haben uns versprochen, dass Sie jeden unserer Schritte unter Kontrolle haben.«

Die Polizistin kratzt sich verlegen am Kopf. Sie hatte den Heavens nicht völlig reinen Wein eingeschenkt, wie die Aktion abgelaufen war.

»Es gibt wohl noch eine Menge Klärungsbedarf.« Cecil Heaven stemmt die Arme in die Seiten und baut sich vor Blackcomb auf.

»Äh, Dad, das gibt es ganz bestimmt, aber ich … ähem … Preston und ich haben heute noch einen wichtigen Termin … äh … wir müssten eigentlich so schnell wie möglich nach Coldstone.«

Cecil Heaven starrt seinen Sohn fassungslos an. »Hast du

noch alle Tassen im Schrank? Deine Mutter ist vor Angst fast umgekommen! Und ich auch … in diesem Hubschrauber gleich ein zweites Mal. Und du willst nun einfach in deinen Rennwagen steigen und dich in die … die …«

»… erste Startreihe stellen und mein erstes Rennen in der *Ultra Speedkidzz Challenge* fahren, jepp!«, vollendet Luke den Satz.

»Tja, und ich würde gerne dasselbe tun, allerdings ein paar Startplätze dahinter.«

Preston rückt ein wenig näher an Luke. Luke legt den Arm auf Prestons Schulter. Ein breites Grinsen macht sich auf den Gesichtern der jungen Rennfahrer breit.

»Dann fahre ich mit Jinks ins Krankenhaus, oder?«, mischt Pat sich dazwischen.

»Wir könnten einiges an Zeit gewinnen, wenn Sie uns Ihren kleinen Flieger leihen?!« Luke tippt Anna Blackcomb auf die Schulter. »Das tun Sie sicher, oder? Eine Hand wäscht die andere, so heißt es doch.« Mit einem Augenzwinkern macht er ihr klar, dass er unter dieser Bedingung gerne auf ein paar Details der ganzen Geschichte verzichtet, die Annas Karriere im Polizeidienst großen Schaden zufügen könnten.

Zwei Minuten später röhrt der Motor des Hubschraubers. Luke hält Preston die offene Handfläche seiner Rechten hin. Preston klatscht ihn ab.

»Aber mach dir keine Hoffnung.«

»Worauf?«, fragt Preston.

»Dass ich dir auf der Piste auch nur einen Millimeter schenke. Auf der Rennbahn sind und bleiben wir – Gegner!«

»Wow!«, stößt Luke zum mindestens zehnten Mal aus. »Krass, das ist voll krass, das ist fast so gut wie Rennen fahren.«

Preston ist weitaus weniger begeistert. Er ist schon öfter von seinem Vater zu Hubschrauberflügen mitgenommen worden, einmal sogar in Kanada zum Heli-Skiing. Als Erster eine geschwungene Spur durch den puderzuckerfeinen Neuschnee in den Rocky Mountains zu ziehen, war ein absolut großartiges Erlebnis gewesen.

Jetzt aber interessiert ihn die Landschaft unter ihnen nicht die Bohne. Eingeklemmt zwischen Luke und dessen Vater Cecil, sind seine Gedanken ganz woanders. »Hätten wir nicht bei Jinks bleiben sollen?«, fragt er vorsichtig.

Luke nickt zuerst, schüttelt dann aber den Kopf. »Jinks würde mir den Kopf abreißen, wenn ich das Rennen sausen ließe. Und Pat ist bei ihr.«

»Ausgerechnet die Tochter ihres schlimmsten Feindes!«

»Ich glaube, sie ist in Ordnung.«

»Könnte ich wohl erfahren, was hier überhaupt abgelaufen ist?«, mischt Cecil Heaven sich dazwischen. »Oder stören deine Mutter und ich nur noch und du ziehst deine Dinger einfach alleine durch?«

Luke bemerkt den beleidigten Unterton. Besser, sein Dad ist beleidigt als sauer. Wenn die Schotten bei ihm einmal richtig dicht sind, ist nichts mehr zu machen. Das kommt selten vor. Luke überlegt sich jedes Wort, mit dem er seinen Vater zu beschwichtigen versucht, ganz genau.

»Wir mussten schnell handeln, Dad. Jinks war in größter Gefahr …« Mit möglichst knappen Worten berichtet er von der nächtlichen Fahrt mit dem Motorroller, wie sie die Yacht geentert haben, von Jinks' Befreiung und schließlich von der Flucht mit dem Motorboot.

»Für mein Gefühl kommt in der letzten Zeit ein bisschen zu viel Tempo in dein Leben. Und damit in unseres! Motorroller, Sportboot und jetzt sitzen wir im Hubschrauber«, murrt Cecil. Es klingt jedoch ein leiser Unterton von Abenteuerlust in diesen Worten mit.

Luke hebt mit der besten Unschuldsmiene, die er hinkriegt, die Schultern fast bis zu den Ohren. Zur Sicherheit legt er auch noch die Stirn in die süßesten Dackelfalten-. »Wir Heavens sind nun mal auf Highspeed getunt.«

»Damit kommst du bei deiner Mutter nicht durch«, prophezeit Cecil Heaven. »Außerdem wird das mit dem Highspeed wohl …« Er bricht den Satz ab. Seine Blicke wandern zu Preston, der jedoch versonnen die vorbeihuschende Landschaft nicht aus den Augen lässt.

Luke kapiert, warum sein Vater nicht weiterspricht. Es geht um *Heaven Number Two*. Um das Auto, in dem er in wenigen Stunden um den Kurs von Coldstone brettern wird. Um das Auto, mit dem er Preston und möglichst viele Konkurrenten aus dem restlichen Teilnehmerfeld hinter sich lassen soll.

»Du kannst ruhig sagen, was du sagen wolltest«, fordert Luke seinen Vater auf. Er spürt ganz deutlich, dass sich in nicht einmal 24 Stunden viele Dinge um 180 Grad gedreht haben. Sein Feind ist sein Freund geworden. Preston bleibt sein Rivale auf der Rennbahn, aber alles andere muss Luke ganz neu überdenken.

»Na ja«, durchbricht Cecil die Gedanken seines Sohnes. »Viel an der Abstimmung des Getriebes können wir jetzt nicht mehr tun und ich hatte noch eine Idee, wie wir den Frontspoiler, na ja, wie wir da noch mehr rausholen können. Die Aerodynamik ...«

Nun stoppt Luke ihn mit einer warnenden Handbewegung. Alle Geheimnisse müssen die Heavens nun doch nicht ausplaudern.

Preston grinst nur. »Die Sache mit dem Spoiler habe ich längst gesehen. Dad wird dagegen Protest einlegen. Nach dem Rennen, falls der ziemlich unwahrscheinliche Fall der Fälle eintritt.«

Luke glotzt ihn verständnislos an. »Fall der Fälle?«

»Dass du vor mir ins Ziel kommst.«

Den Bruchteil einer Sekunde schwebt eine schwarze Gewitterwolke über Lukes Kopf. Fast hat er schon eine Bemerkung auf den Lippen, für die ihn seine Mutter aus dem Zimmer schicken würde, dann checkt er es doch noch. Preston nimmt ihn auf den Arm.

»Mann, wir experimentieren selbst an so etwas herum. Dad hat Tage im Windkanal mit dem Ding verbracht.«

Ein Schmunzeln huscht über das Gesicht der beiden Heavens. Die Vorstellung, wie sich Red Wilder im Windkanal gegen den Luftstrom stemmt, amüsiert sie. Natürlich hat Wilder nur die Luftverwirbelungen von draußen beobachtet und verbissen die Auswertungen im Computer studiert. Noch amüsanter ist für sie jedoch eine andere Tatsache, die Preston ausspricht.

»Er hat den Kniff nicht gefunden.«

»Dumm gelaufen«, frotzelt Luke ohne Mitleid. »Man kann eben doch nicht alles für Geld kaufen.« Dann reibt er Preston unter die Nase, dass ein Heaven für dieses Problem keinen Windkanal braucht. »*Mein* Dad hat für so etwas den sechsten Sinn.«

»Vielleicht sollten wir den sechsten Sinn von *deinem* Dad und die Kohle von *meinem* zusammenbringen!«

Luke kräuselt die Stirn. »Was soll das denn heißen?«, fragt er, aber er weiß sehr genau, was Preston meint. Ein gemeinsames Team. Wilder-Heaven. Oder Heaven-Wilder. Aber schon daran würde es scheitern: Welcher Name stünde vorne? »Du bist verrückt.«

Preston bleibt keine Zeit für eine Antwort.

»Wir sind da«, schnarrt die Stimme des Piloten durch den Kopfhörer. Er deutet auf das weitläufige Gelände geradeaus vor ihnen.

Aus der Luft betrachtet sieht es aus wie der Umriss eines verwachsenen Kobolds mit einer Zipfelmütze. Die Kehre der Loffield-Kurve bildet den Bommel, die darauf folgenden Zuschauertribünen wirken wie struppige Haare, die unter der Kopfbedeckung hervorschauen. Im Fahrerlager oberhalb der Start- und Zielgeraden wuseln bunte ameisengroße Wesen.

Luke hält es kaum auf dem Sitz. Fast hätte er in den vergangenen Tagen vergessen, worum es ihm wirklich geht. Da unten schlängelt sich der Kurs, den er vor allen anderen Konkurrenten umrunden will. Da unten liegt die Chance seines Lebens. Er zappelt aufgeregt hin und her. Dann fühlt er den besorgten Blick seines Vaters im Rücken. Er kann es förmlich spüren. Cecil Heaven ist alles andere als überzeugt davon, dass sein Sohn in nicht einmal drei Stunden mit Vollgas in die Kurven donnern sollte, die die stummeligen Beine des Kobolds bilden.

Kaum haben die schmalen Kufen des Helikopters in der Mitte des weiß markierten Kreises nicht unweit der Rennstrecke den Boden berührt, reißt Luke die Seitentür auf und springt hinaus. Der Luftzug der Rotoren zerrt an seinem T-Shirt. Er läuft, gefolgt von Preston und seinem Vater, zu den Hangars.

Dort warten einige Leute: Seine Mutter Sophie, der Polizist Thomas Wigfield, ein paar Männer, die Luke nicht kennt, und Red Wilder, dem die Sorge um seinen Sohn ins Gesicht geschrieben steht. Kaum haben die Jungs und Cecil Heaven die Gruppe erreicht, löst Wilder senior sich daraus. Wortlos schiebt er seinen Sohn davon.

»Preston!«, ruft Luke.

Preston bleibt stehen und dreht sich um. Die beiden Rennfahrer stehen sich direkt gegenüber. Einen kleinen Moment zögert Luke, doch dann gibt er dem Impuls nach. Er drückt Preston fest an sich.

»Danke, dass du uns geholfen hast.«

»Kein Ding, war selbstverständlich.« Er befreit sich aus Lukes Umklammerung und grinst ihn an. »Ich habe nicht dir geholfen. Dich mache ich gleich im Rennen platt. Mir ging es um Jinks.«

8.

Ein Rütteln, dann ein Schlag. Ich will hier raus, wann hat es endlich ein Ende? Aber etwas ist anders. Jinks reißt die Augen auf. Es ist nicht mehr dunkel. Kein Klebeband auf dem Mund nimmt ihr die Luft. Etwas hält sie umschlungen, aber es sind keine Fesseln. Jemand streichelt ihr über die Stirn.

»Scht, du bist in Sicherheit.«

Eine beruhigende, zarte Stimme. Nicht Hammersmith, nicht Porter, nicht Wickham.

Jinks' Blicke irren durch den Raum, der sich nicht als Raum, sondern als das Innere eines Rettungswagens entpuppt. Sie liegt mit zwei Gurten gesichert auf einer Trage. Die Maske über ihrem Mund und ihrer Nase verströmt etwas leicht metallisch Schmeckendes. Sauerstoff. Etwas piepst, ihr Puls, der von einem Apparat überwacht wird. Jemand schiebt die Gestalt an ihrer Seite, die eben zu ihr gesprochen hat, weg. Der Rettungssanitäter beugt sich über Jinks.

»Alles halb so schlimm, keine Panik, Mädchen, du bist nur ein bisschen geschwächt.«

Am liebsten würde Jinks ihm eine patzige Antwort an den Kopf werfen! Was weiß dieser Typ mit seinen strähnigen Haaren und dem fetten Pickel direkt auf der Nase denn schon? Wie schlimm es ist? Halb so schlimm? Der Spruch hat sie schon immer genervt. Halb so schlimm von Horror ist immer noch megaschlimm. Aber sie weiß, dass er es nicht so meint.

»Dann lassen Sie mich an ihre Seite«, hört Jinks jetzt wieder die andere Stimme und langsam erinnert sie sich daran, um wen es sich handelt: Pat Wickham.

Jinks hat sie vor diesem Tag nur einmal gesehen, in der Sporthalle, in der Pat fast ihren Trainer mit dem Gurt seines Kampfanzuges erwürgt hatte. Ausgerechnet mit ihr nun fast alleine in diesem Wagen durch die Gegend zu kutschieren, beruhigt Jinks nicht gerade. Keine Ahnung, warum Luke sie mit auf das Motorboot gebracht hat.

Pat trägt auch jetzt Klamotten, die gar nicht nach der Tochter eines superreichen Industriellen aussehen. Ihr T-Shirt schlottert an ihren mageren Schultern, die Jeans hat ungefähr hundert Waschgänge hinter sich, die Haare kleben ihr immer noch vom Schweiß und vom Meerwasser feucht an der Stirn. Jinks traut ihr nicht, kann ihr nicht trauen, aber sie hat im Moment nur eine Frage.

»Welcher Tag ist heute?«, presst sie unter der Sauerstoffmaske hervor.

»Sonntag.«

»Uhrzeit?«

»Kurz vor zwölf.« Pat erahnt die nächste Frage und kommt Jinks zuvor. »Die beiden Jungs sind auf dem Weg nach Coldstone. Wenn der Hubschrauber nicht abstürzt, können sie an den Start gehen.« Sie grinst.

Jinks verdreht die Augen. Patricia Wickham hat einen eigenwilligen Sinn für Humor. Nach all dem Chaos der vergangenen Wochen liegt es fast schon nahe, auch noch ein solches Unglück zu befürchten.

»Nehmen Sie mir das Ding ab«, nuschelt sie unter der durchsichtigen Kappe, die ihren Mund bedeckt, hervor.

Der Sanitäter drängelt sich zwischen Pat und Jinks. Während er dem einen Mädchen seinen unförmigen Hintern entgegenstreckt, beugt er sich weit über Jinks. Sein Pickel kommt ihr bedrohlich nahe.

»Waaas?«

Jinks wiederholt ihre Bitte, die nun aber wie ein Befehl klingt. Josh Gramble, wie Jinks auf einem Namensschild an der Brust des Mannes lesen kann, tut allerdings mitnichten, was sie will. Er schüttelt nur den Kopf. Bevor er sich jedoch herumdrehen und wieder auf seinen Platz hinten im Rettungswagen setzen kann, läuft er urplötzlich rot an, reißt den Mund auf und spürt keine halbe Sekunde später, wie etwas in seinen nach Luft japsenden Mund gestopft wird. Jinks kann kaum so schnell schauen, wie Pat den Mann mit wenigen Griffen überwältigt, das Kabel von irgendeinem Gerät um seine Handgelenke schlingt und sie auf seinem Rücken fixiert.

»Für irgendwas muss das Quan-Khi-Dao-Training ja gut sein«, sagt Pat trocken, gerade so unbeteiligt, als habe sie zum ersten Mal in ihrem Leben einen Knopf angenäht. »Ich vermute, du möchtest aussteigen, oder? An der nächsten roten Ampel sollten wir die Limousine wechseln!?« Während sie Jinks' Gurte löst, besinnt sie sich: »Oder wir kapern das Ding, hat immerhin Blaulicht und Signalhorn.«

NEHMEN SIE MIR DAS DING AB!
FÜR IRGENDWAS MUSS DAS QUAN-KHI-DAO-TRAINING JA GUT SEIN.

Lukes flache Hand gleitet über den Heckspoiler seines Rennwagens. *Heaven Number Two*. Endlich. Es kommt ihm wie eine Ewigkeit vor, dabei sind es nur 24 Stunden, seit er das letzte Mal hinter dem Steuer gesessen hat.

Seine Mutter hat nicht viele Fragen gestellt. Es hätte auch keinen Sinn gehabt, denn in diesem Augenblick zählt nur eine Frage: Kann Luke seinen blauweiß schimmernden Boliden um die sechs Kilometer der Rennstrecke von Coldstone lenken? Über 20-mal und möglichst schnell. Schneller als alle anderen, schneller als Preston Wilder.

Kurz bleiben Lukes Gedanken bei Preston hängen. Dessen Ärger mit dem alten Wilder wird wahrscheinlich noch gigantischer sein als die Abreibung, die irgendwann auch auf Luke wartet. Immerhin hätten im Heaven-Team alle wie er gehandelt, schließlich ging es um Jinks. Jeder hätte versucht, sie zu retten. Jeder wäre dafür das Risiko eingegangen, in der ein oder anderen Form. Die Heavens haben sich noch nie gedrückt, wenn es brenzlig wurde.

»Lucas B. Heaven?«

Luke zuckt zusammen. Er dachte, er sei alleine in der kleinen Garage, in der die mit geringerem Budget ausgestatteten Teams ihre Rennwagen unterbringen können.

Aus dem Dunkel hinter der Hebebühne schält sich eine Gestalt. Die Flamme eines Streichholzes beleuchtet das schmale Gesicht eines Mannes, als er sich eine Zigarette anzündet. Der Moment ist jedoch zu kurz, um den Fremden zu erkennen. Es muss ein Fremder sein, Luke hat die Stimme noch nie gehört.

Noch einer von Wickhams Helfershelfern?, schießt es Luke durch den Kopf. »Sind Sie verrückt, hier ist rauchen

WAS WOLLEN SIE? WER SIND SIE?
COLDS

streng verboten!«, raunzt Luke ihn an. Er rührt sich jedoch nicht von der Stelle. Er hat keine gute Erfahrung mit überraschenden Besuchern gemacht.

Der Fremde drückt die Zigarette sofort aus und entschuldigt sich.

»Was wollen Sie? Wer sind Sie?«

»Ich wünsche dir alles Glück der Welt. Pass auf dich auf, es wäre …« Weiter kommt er nicht.

Draußen ruft Lukes Vater: »Es wird Zeit, Luke, du musst dich umziehen!«

Luke wendet sich zur vorderen Tür. »Bin gleich da, Dad, eine Minute!« Als er sich wieder herumdreht, ist die Gestalt verschwunden. Luke hastet zu der hinteren Tür. Sie ist verschlossen, aber nicht verriegelt. Mein Gott, denkt Luke, ich habe Halluzinationen, ich kann das Rennen nicht fahren, ich bin zu geschafft, ich höre Stimmen, sehe Phantome. Aber dann knirscht etwas unter seinem Fuß, etwas ist zu spüren, eine kleine Unebenheit: ein Streichholz. Und auch der leicht schwefelige Geruch hängt noch im Raum.

»Mit wem hast du gesprochen?« Sein Vater hat das auf einer Stahlschiene laufende Tor aufgezogen. Die Garage wird vom Sonnenlicht bis in den letzten Winkel erleuchtet. Die Umrisse seines Vaters strahlen im Gegenlicht.

»Ich … gesprochen … äh … nichts, mit niemand …«

»Mir war, als hätte ich Stimmen gehört.«

Luke zwingt sich ein Lächeln ab. »Weißt doch, Dad, ich rede HN2 vor dem Rennen gerne noch mal ins Gewissen.«

Luke folgt seinem Vater zum Lagerplatz der Heavens, an dem Sophie mit der feuerfesten Unterwäsche, dem Rennoverall und seinen Handschuhen auf ihren Sohn wartet.

»Das ist deine letzte Ausstattung, die solltest du vielleicht nicht auf irgendwelche nächtlichen Verfolgungsjagden mitnehmen und im Meer versenken!«

»Ich habe sie nicht im Meer versenkt. Die Klamotten liegen auf den Felsen einer Steilklippe.«

»Toll, das ist natürlich gaaaanz was anderes!«, gibt Sophie zurück.

Die Ironie in ihrer Stimme ist ein gutes Zeichen. Wenn seine Mutter wirklich sauer auf ihn ist, klingt von diesem frotzelnden Unterton absolut nichts durch. Bevor sie das Zelt verlässt, damit Luke sich umziehen kann, bleibt Sophie noch einmal vor ihm stehen. Sie stemmt die Hände in die Hüften.

»Ich bin stinksauer auf dich, junger Mann, das kannst du glauben. Noch schlimmer ist, dass ich mindestens genauso stolz auf dich bin. Wer weiß, was die mit Jinks angestellt hätten.« Sie breitet die Arme aus. »Mach schon, daran kommste nich' vorbei!«

Luke tritt einen Schritt vor. Er schließt beide Arme um seine Mutter und drückt sie fest an sich. Für einen Augenblick fühlt er sich wieder wie der kleine Lucas, der jeden Abend ein paar Minuten in die Arme seiner Mutter geschmiegt im Bett liegen musste, bevor er einschlafen konnte. Der sicherste Platz auf der Welt! Jetzt ist allerdings alles andere als einschlafen angesagt.

Er befreit sich aus der Umarmung. Nachdem Sophie nach draußen gegangen ist, schält er sich blitzschnell aus seinen Klamotten, zieht die feuerfeste Unterwäsche über und schlüpft in den Rennoverall. Einen Moment zögert er, dann stülpt er sich die Sturmhaube über den Kopf und setzt den

Helm auf. Normalerweise tut er dies immer erst, kurz bevor er in das Rennauto steigt, heute aber ist es die perfekte Rüstung für ihn. Am liebsten würde er jetzt in sein Cockpit gebeamt, wie ein Star-Trek-Besatzungsmitglied in letzter Sekunde vor dem Angriff einer feindlichen Spezies gerettet wird.

Von draußen dringt nun das hektische Gemurmel zu ihm, Wortfetzen, Motoren röhren, jemand fordert irgendwen auf, sofort das Gelände zu verlassen, eine Fanfare ertönt, eine pompöse Abfolge von Posaunen und Trompeten, gefolgt von einem Trommelwirbel, das Erkennungszeichen des Kurses von Coldstone. »Du fühlst dich wie ein römischer Wagenlenker im Circus Maximus, wenn du diesen Sound hörst«, hat ein italienischer Topfahrer in einem Interview behauptet. Irgendwie muss Luke ihm recht geben.

Luke schiebt das verspiegelte Visier seines Helms herunter. Er tritt hinaus in den Sonnenschein. Mit einem schnellen Griff in die Hosentasche vergewissert er sich, dass er seinen Talisman dabeihat. Die kleine Heiligenfigur, die er immer mit einem Magneten irgendwo im Cockpit anbringt, ist nicht da.

Wie ein Blitz schießt die Erinnerung durch seine Hirnwindungen. Sie verdrängt die Gedanken an die rätselhafte Gestalt, er verliert den Tunnelblick auf das bevorstehende Rennen. Er sieht wieder Jinks vor sich, auf der Yacht. Wie er ihr den Christophorus zusteckt, sie beruhigt, ihn ihr noch einmal zeigt, hört seine eigenen Worte: »Schau ihn dir an, er trägt das Kind übers Wasser, du bist sicher … Spring!«

Nach ein paar Schritten spürt er Sophie an seiner linken, Cecil an seiner rechten Seite. Sie sind das kleinste und unauffälligste Team, aber sie ziehen die größte Aufmerksamkeit auf sich.

»Nimm doch den Helm ab, Luke«, flüstert seine Mutter, die von einer Sekunde auf die andere die Rolle gewechselt hat. Jetzt ist sie nur noch die Pressesprecherin des Teams: ein paar gute Bilder vor dem Start für die Sportmagazine, schließlich geht dem Neuling in der *Ultra Speedkidzz Challenge* ein Ruf voraus.

»Wie fühlst du dich, Luke?« – »Glaubst du, schon im ersten Rennen eingreifen zu können?« – »Hält dein Team überhaupt eine ganze Saison durch?«

Die Fragen prasseln von allen Seiten auf ihn ein. Bevor Luke jedoch antworten kann, wendet sich die Menge der Reporter zur anderen Seite – der amtierende Weltmeister der letzten Saison, Tim Kramer, verspricht noch bessere Schlagzeilen. »Mister Kramer, wie fühlen Sie sich im Cockpit des neuen Silberpfeils?« – »Haben Sie …«

Luke lässt den Pulk hinter sich. Nur einer folgt nicht dem Rudel. Eine Kamera bleibt auf Luke gerichtet.

»Hier ist Sid Fuller von *Daily Sports News*, live vom ersten Rennen in der neuen Saison der USC«, beginnt der Reporter seine gewohnt schmissige Ansage, dreht sich dann unvermittelt zu Luke: »Bekommen wir ein exklusives Statement, Luke? In den letzten Wochen hattest du ja alle Hände voll zu tun, allerdings steckte selten ein Lenkrad in deinen Händen?!« Im letzten Satz fehlt der schleimig-freundliche Ton des Fernsehmannes plötzlich vollständig. »Strebt Heaven den Platz 1 im Ranking der Skandalteams an?«

Falls es noch an Adrenalin in Lukes Adern gefehlt hatte: Jetzt ist es ausreichend vorhanden. Glücklicherweise kennen seine Eltern den auflodernden Jähzorn ihres Sohnes, wenn ihm jemand so dumm kommt. Beide greifen sich auf der Stelle einen Arm des Fahrers und zerren ihn weiter. Luke bläht den Brustkorb auf, die Luft rauscht aber wortlos wieder hinaus.

»Danke für Ihr Interesse, Mister Fuller«, säuselt Sophie, »aber Sie werden verstehen, dass unsere volle Konzentration jetzt dem Start gilt. – Wie schon seit Wochen«, schickt sie noch mit einem leisen Tadel in der Stimme hinterher.

Die letzten Meter bis zu der Box, in der *Heaven Number Two* auf seinen Fahrer wartet, tragen die Eltern ihren Sohn mehr, als dass er geht. Beide spucken ihm dreimal über die linke Schulter. »Toi toi toi!« sind die letzten Worte, die Luke hört, bevor er sich ins Cockpit hinabgleiten lässt.

Er spürt seine klammen Finger in den Handschuhen. Sein ganzer Körper stößt kalten Schweiß aus. Er könnte es auf die Belastungen der letzten 48 Stunden schieben, aber er weiß, dass die nicht der Grund sind. Er kann nicht an den Start gehen. Nicht ohne seinen Talisman. Nicht ohne diesen billigen kleinen Magneten, der ihn schon seit seiner Kindheit begleitet. Seine Mutter hatte ihn auf einem Flohmarkt gekauft. Er half ihr vor allem, die ständige Angst während des Rennens in den Griff zu bekommen, aber auch Luke hatte diesen Aberglauben angenommen.

Luke drückt sich wieder aus dem Cockpit hoch. Er steht neben *Heaven Number Two*.

»Musst du noch mal pinkeln?«, fragt sein Vater. »Das schaffst du noch, aber beeile dich!«

»Ich kann nicht«, stottert Luke.

»Nicht pinkeln?«, fragt Cecil Heaven. »Warum bleibst du dann nicht im Cockpit?«

»Ich kann nicht …«

»Gas, mach schon, gib Gas!«

»Wie denn? Hier ist alles dicht!«

Statt einer Antwort kommt nur ein tiefer Seufzer vom Beifahrersitz.

»Okay, du hast es so gewollt …«

Das Getriebe heult auf. Auf Beschleunigungen dieser Art und Heftigkeit ist der Motor des Wagens nicht eingerichtet. Wahrscheinlich hatte er noch nie ein Tempo über 110 Sachen in der Stunde erreicht, den roten Drehzahlbereich kannte die Karre bisher nur vom Hörensagen: Ein Gerücht, das von einer Kühlerhaube zur nächsten geflüstert wurde, während die tägliche Blechlawine im Berufsverkehr feststeckte.

Der Wagen schert aus der Schlange aus, schrammt mit dem Bodenblech kurz über die Bordsteinkante, als Pat das Lenkrad nach links reißt und die Fahrt auf dem breiten Gehweg vor dem Cissorship-Einkaufscenter fortsetzt.

»Diese Ausgeburt einer Shoppingmeile gehört auch meinem Dad«, knurrt Patricia Wickham, während die Passanten nach rechts und links hüpfend Deckung suchen. »Wir hätten uns den Rettungswagen unter den Nagel reißen sollen«, stößt sie zum wiederholten Male aus, »das Blaulicht wäre echt 'ne Hilfe gewesen.«

WIE DENN? HIER IST ALLES DICHT!
GIB GAS!
DU HAST ES SO GEWOLLT!
QUIETSCH
Chica deluxe
MEDIA STORE ULTRA

»Das wäre illegal, außerdem braucht vielleicht jemand wirklich Hilfe und dann wären wir verantwortlich … aaaah!«

Obwohl Pat ein blitzschnelles Ausweichmanöver eingeleitet hat, schafft sie es nicht mehr ganz. Der rechte Kotflügel des Nissan erwischt den Briefkasten gerade eben noch. Die rote Säule gibt keinerlei Widerstand, im hohen Bogen fliegt sie durch die Luft und verstreut ihren papiernen Inhalt. Ein sorgsam mit Tinte adressierter Umschlag klatscht gegen die Windschutzscheibe, genau vor Pats Nase. Sie schaltet den Scheibenwischer ein und hat wieder freie Sicht, nachdem der Brief zweimal hin- und hergewischt worden ist.

»So richtig legal ist das Fahren auf dem Gehweg auch nicht«, erwähnt Pat nebenbei und lenkt das Auto endlich wieder auf die Fahrbahn.

Sie hatte vorgeschlagen, den Fahrer des Rettungswagens mit einem ordentlichen Trinkgeld dazu zu überreden, einen kleinen Schlenker über Coldstone einzulegen. Jinks hatte es aber bevorzugt, an einer roten Ampel aus dem Auto zu springen. Als sie keinerlei echte Chance mehr gesehen hatte, rechtzeitig zur Rennstrecke zu kommen, hatte sie weinend am Straßenrand gesessen, bis Pat an einem Geldautomat einen satten Fünfhunderter abgehoben hatte. Ein Freak in zerschlissenen Klamotten hatte seinen fast 15 Jahre alten Nissan gegen die Fünfhundert in bar sofort rausgerückt.

»Vielleicht bekommst du ihn heil zurück, vielleicht aber auch nicht«, hatte Pat ihn gewarnt, aber der Typ hatte gar kein Interesse daran.

»Kleine, wenn ich die Karre verschrotten lasse, zahle ich

noch 'nen Hunderter drauf und genau das hatte ich nächste Woche vor. Hauptsache, ihr Mädels überfallt keine Bank damit oder so.«

Pat hatte ihm sowohl das *Kleine* als auch die *Mädels* durchgehen lassen, bei anderer Gelegenheit hätte er dafür nach einer einmaligen Verwarnung eins auf die Nase bekommen.

»Schätze, in spätestens fünf Minuten haben wir ein Polizeiauto im Rückspiegel«, gibt Jinks zu bedenken. Nach den Erlebnissen der letzten Wochen kommt es so gelassen und alltäglich über ihre Lippen, wie »Gib mir mal deine Mathehausaufgaben, ich hatte gestern wegen eines Juwelenraubs keine Zeit dafür!«

»Weswegen wir die Schnellstraße nun auch *schnell* verlassen. Guck mal ins Handschuhfach, ob der Freak eine Straßenkarte hat.«

»Immer nach Norden, bis Fultingham und dann …«

»Fultingham – DA!«, schreit Pat, steigt in die Bremsen, setzt mit rauchenden Reifen zurück und nimmt den Abzweig.

Jinks verdreht die Augen, vor denen sich auch ohne Pats Fahrstil immer wieder alles dreht. Vielleicht hätte sie sich das Rennen doch in einem Krankenzimmer an einer Infusion mit beruhigenden Medikamenten anschauen sollen, aber in ihrer Hand brennt ein kleines Stück Metall. Der Talisman, den Luke ihr kurz vor dem Sprung ins Wasser zugesteckt hat. Luke kann ohne diesen Glücksbringer nicht fahren, es ist Aberglaube, klar, aber Luke braucht ihn.

»Verdreh nicht die Augen, du wolltest schließlich unbedingt nach Coldstone«, hört Jinks Pat neben sich. »Jetzt bringen wir ihm das Ding!«

Pat hat noch weniger Verständnis für einen solchen Firlefanz, aber der Gedanke, dass sie zum ersten Mal, seit sie denken kann, ihr ganz eigenes Ding durchzieht, beflügelt sie geradezu. Außerdem wird sie sich bald die Frage stellen müssen, wie sie sich vor den Abgesandten ihres Vaters in Sicherheit bringen kann. Robert Wickham wird selbst mitten auf dem Atlantik keine Ruhe geben, bis er seine Tochter wieder unter seiner Fuchtel hat, dessen kann sich Pat sicher sein.

Nach ein paar Kilometern tauchen die ersten Hinweisschilder auf die Rennstrecke auf. Jinks atmet tief durch.

»In zehn Minuten sind wir da.« Pat gibt noch einmal Gas. »Vielleicht sollte ich meinen Dad bitten, mir einen Rennstall zu kaufen. Ferrari oder McLaren oder so.«

9.

»Ladies and Gentlemen, willkommen in Co-hoooooldstone!«

Die Stimme aus den

CO-HOOOOOLDSTONE!

Lautsprechern rund um den Kurs von Coldstone dröhnt über alles hinweg. Der Mann hinter dem Mikrofon zieht die Silben lang wie der Ansager in einem Boxring. Mit ein paar schnellen Informationen über den Verlauf der letzten Saison und die verschiedenen Wechsel der Fahrer in den wichtigsten Rennställen stimmt er die Zuschauer, die mittlerweile die Tribünen gefüllt haben, ein. Ein Raunen geht durch den Teil der Neugierigen, die in dem Rennen eher ein gesellschaftliches Spektakel denn einen sportlichen Wettkampf sehen, als der Sprecher die Prominenten aus dem Showgeschäft begrüßt.

»… die Hotelerbin tauft im Anschluss an das Rennen den neuen VIP-Bereich, natürlich mit dem Champagner des neuen Hauptsponsors. Und hier ist sie nun, die Startaufstellung für das erste Rennen der *Ultra Speedkidzz Challenge*. In der Poleposition heute, zugegeben für viele etwas unerwartet, nachdem es in der Vorbereitung immer wieder Probleme mit der Radaufhängung gegeben hatte, Bodo Bettel in einem Werksfahrzeug von BMW. Takeshi Hara im Toyota wird Bettel nach dem verkorksten Ende der vergangenen Saison, mit drei technischen Knock-Outs in den entscheidenden Rennen, sicher mit brennendem Ehrgeiz im Nacken hängen. Hoffentlich nur im Nacken und nicht auf dem Heckspoiler wie in Monza. Dazwischen hat sich allerdings mit einem bemerkenswerten Qualifying ein Neuling geschoben …«

Als die Lautsprecher den Namen des Heaven-Teams ausspucken sollen, entsteht ein kleiner Tumult in der Boxengasse. Der Sprecher reagiert sofort und greift die Probleme auf, die es immer wieder für Neulinge in der USC gibt.

»Im Moment können wir von hier aus nicht erkennen, warum Lucas B. Heaven, der nun eigentlich auf den zweiten Startplatz rollen sollte, nicht …«

In der Box der Heavens schreit jemand gegen den Motorenlärm an. »Sie müssen mich durchlassen, lassen Sie mich durch!«

Luke hat sich nach einigem Hin und Her zwar wieder ins Cockpit gesetzt, aber ihm ist alles andere als wohl bei dem Gedanken, das Rennen ohne seinen Glücksbringer anzutreten. Er wirft einen kurzen Blick in den Rückspiegel.

»Oh, wie es scheint, hat sich ein übereifriger Fan Zutritt zur Box des Heaven-Teams verschafft«, hört Luke die Stimme des Sprechers. »Daran sollten sich die jungen Fahrer gewöhnen«, quatscht der Kerl weiter, »hübsche Ladies gehören zur Grundausstattung eines Rennstalls.«

Auf den Tribünen erschallen die Pfiffe der weiblichen Motorsportfans, denen die Machosprüche auf die Nerven gehen.

Luke traut seinen Augen nicht. In dem kleinen Ausschnitt der Welt hinter ihm, den der Rückspiegel hergibt, streitet sich eine wirklich hübsche, allerdings auch ziemlich erschöpfte Lady mit einem Security-Mann. Cecil Heaven erkennt das Mädchen ebenfalls und gibt dem stiernackigen Wächter ein Zeichen.

Jinks brüllt nur kurz »Danke!« in Cecils Richtung und steht eine Sekunde später neben Luke. Sie lässt ihn gar nicht erst zu Wort kommen, sondern beugt sich über das Cockpit.

»Hohohooo, das scheint mehr als ein übereifriger Fan zu sein«, teilt der Sprecher dem gesamten Kurs mit.

Jinks drückt Luke den kleinen Magneten mit der Heiligenfigur in die Hand. »Du solltest das Schicksal nicht herausfordern!« Sie zwinkert Luke zu. Er antwortet mit einem breiten Grinsen, lässt den Talisman unter der Lenkradaufhängung verschwinden, wo er sich mit einem leisen *Plopp* befestigt. Der Motor seines Autos jault auf, als Luke hinaus in die Aufwärmrunde startet.

Im Schlingerkurs, um die Reifen auf Temperatur zu bringen, umrundet er den Circuit von Coldstone. Obwohl Luke es kaum für möglich gehalten hätte, schießt noch eine weitere Ladung Adrenalin durch seine Adern. Irgendwo hinter ihm erahnt er den flammendroten Wagen von Preston.

Vergiss, was hinter dir ist, vergiss, was war!, peitscht Luke sich ein. Nach vorne schauen, nur das zählt, den Starter vor ihm schlucken, möglichst schon mit einem Kickstart, der ihn direkt auf die erste Position bringt, bevor die anderen richtig gucken können. Wenn er es schaffen würde, den deutschen Champion bis zur Nicknap-Kurve zu überholen …

Luke kann den Gedanken nicht zu Ende bringen. Die Warm-up-Runde ist schon vorbei. Im Schritttempo rollen die Boliden auf ihre Startpositionen. Takeshi Hara, in seinem nigelnagelneuen Werks-Toyota kickt ein wenig zu weit nach vorne und berührt fast Lukes Hinterreifen. Luke hat in den Wochen im Krankenhaus und in der Reha-Klinik alle diesjährigen Fahrer der USC eingehend studiert. Hara ist nicht ungefährlich, außerhalb des Autos still und zurückhaltend, im Cockpit unberechenbar. Bisher hat er es immer knapp geschafft, nicht wegen irgendeiner aggressiven Unbedachtsamkeit disqualifiziert zu werden.

Der Start steht unmittelbar bevor.

Noch 30 Sekunden.

20 …

10 …

Grün!

Das Rennen läuft.

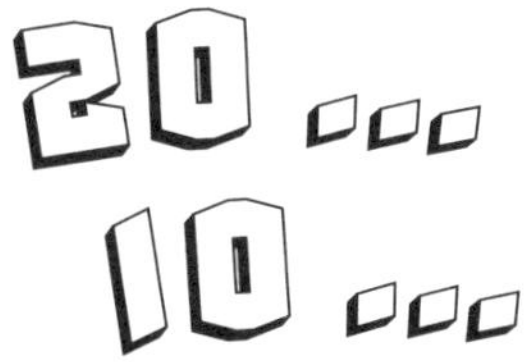

Heaven Number Two schießt augenblicklich nach vorne. Aus dem Cockpit wirkt es noch schneller als sonst, allerdings liegt das nicht an dem Auto und nicht an Luke. Bettel hat seinen BMW abgewürgt. Keinen Millimeter geht es für ihn vorwärts.

In neun von zehn Fällen führt das zu Startunfällen und das Rennen beginnt noch einmal. Aber Luke hat Glück. Alle anderen können dem Hindernis ausweichen, es kommt zu ein, zwei leichten Berührungen konkurrierender Teams, aber niemand nimmt Schaden, fliegt aus der Bahn oder knallt in den Vordermann. Einige Rennställe werden sicher Protest einlegen, aber jetzt nimmt der Wettkampf der Fahrer seinen Lauf.

Luke liegt auch an der Nicknap-Kurve noch in Führung. Hara greift verbissen an, auch er will eine frühe Entscheidung, aber er kann sich aus einem Pulk von drei anderen Autos nicht lösen. Mitten in diesem Quartett kämpft Preston um eine gute Position, um aus der Kurve heraus hart beschleunigen zu können.

Preston hat das plötzliche Getümmel beim Heaven-Team kurz vor dem Beginn der Warm-up-Runde mitbekommen, aber nicht genau gesehen, was dort los war. Kurz hat er geglaubt, Jinks in dem Mädchen zu erkennen, die sich bis zu Lukes Wagen vorgekämpft hat.

Aber das kann nicht sein, er hat selbst gesehen, wie sie von den Rettungssanitätern abtransportiert wurde. Und es soll auch nicht sein. Preston verspürt ein Gefühl, das er nie zuvor kannte: Eifersucht.

Ein Schlag gegen den rechten Hinterreifen bringt Preston wieder mit all seiner Aufmerksamkeit auf die Rennstrecke zurück. Der hinter ihm liegende Renault mit dem Markenzeichen eines Getränkeherstellers hat ihn leicht touchiert. Der belgische Fahrer hebt wütend die Faust. Die Erinnerung an den Unfall im letzten Rennen der vorigen Saison kommt hoch. Das Wilder-Team war nur durch die Aussage von Luke, der ein ähnliches Fahrmanöver als fair dargestellt hatte, ohne Disqualifikation davongekommen. Ich darf nicht gleich wieder in eine solche Sache verwickelt werden, ermahnt Preston sich.

Kurz vor der nächsten Kurve lässt er den Angreifer durch.

»Shit!«, schreit Preston in den Krach der Motoren hinaus.

Luke ist schon hinter der Kehre verschwunden, Takeshi Hara huscht nun aus dem Blickfeld, die Bremslichter des

Belgiers und die des zweiten BMW im Feld flammen fast zeitgleich rot auf. Für die nächsten fünfzehn Runden schafft Preston es, alles aus seinem Kopf zu verbannen, was nicht mit dem Asphalt unter seinen Rädern, dem Auto und den vier Konkurrenten vor ihm zu tun hat. Er kämpft sich nach vorne, liegt für eine halbe Runde sogar hinter Luke, der ein fehlerfreies Rennen fährt.

Heaven Number Two scheint von einer magischen Hand gesteuert zu sein. Vor der Garibaldi-Schikane bremst Luke allerdings nicht. Preston krallt sich am Steuer fest. Er liegt noch ein gutes Stück hinter Luke, aber wenn der in diesem Tempo weiter auf das Hindernis zudonnert …

Seit er Preston im Rückspiegel entdeckt hat, geht Luke aufs Ganze. Er weiß, dass er nicht die kompletten restlichen Runden so hart am Limit fahren kann. Sein Körper hält das nicht aus, seine Kräfte im Kopf verschleißen und das Auto könnte auch dabei draufgehen. Die Heaven-Motoren sind robust, Marke Eigenbau aus Cecils Schmiede, viel weniger Hightech und Computer, gute alte Mechanik. Eben das macht sie so unanfällig und gleichzeitig so heikel. Luke muss aus den hohen Drehzahlen raus, aber er will auf keinen Fall Preston Wilder auch nur einen Meter schenken. Sind die anderen schwächer geworden oder liegt es an der Stärke des neuen Wilder-Boliden? Hat Preston im Training geblufft? Hat er mehr unterm Hintern, als alle denken?

Die Garibaldi-Schikane. Sie hatte früher einen anderen Namen, bis Giancarlo Garibaldi es geschafft hatte, die

RAPID

KREEE
BÄM
ST4LE

schnelle rechts-links-Kurvenfolge fast ungebremst zu durchqueren und damit in der letzten Runde die entscheidenden Sekunden zum Sieg herauszuschinden.

Luke gibt weiter Gas. Noch zwanzig Meter, fünfzehn, zehn – erst jetzt tippt sein Fuß auf die Bremse. Eine minimale Bewegung des Steuers nach rechts, sofort die millimetergenaue Gegenbewegung. Auf den Tribünen direkt rechts und links der Schikane springen die Zuschauer auf. Obwohl Luke sich sonst während des Rennens wie in einem Tunnel befindet, dringt dieser Lärm sogar zu ihm durch. Natürlich ist das unmöglich, aber er glaubt, die wütenden Flüche seines Vaters und die Verwünschungen von Jinks in der Boxengasse zu hören.

Luke schneidet die Kurve an. Beide Räder berühren die blau und weiß gestreiften Randmarkierungen, die sich wie ein kaum merklicher Wulst durch die Schikane ziehen. Seine Geschwindigkeit ist hoch, zu hoch. Die Räder lösen sich vom Boden. Für die Dauer von ein, zwei, vielleicht drei Herzschlägen legt sich *Heaven Number Two* in eine Schräglage, die jeder Carcrash-Show Ehre machen würde.

»Er überschlägt sich!«, ruft Pat Wickham, die seit dem Start mit Jinks direkt neben der Boxengasse das Rennen verfolgt. Jinks ist zu keinem Kommentar mehr in der Lage. Mit der einen Hand vor dem offenen Mund starrt sie auf die Rennstrecke, die andere knetet Sophies Arm, die ebenso fassungslos ist.

Die Fernseh- und Radioreporter schreien fast in ihre Mikrofone: »... diese Saison verspricht noch ein paar heiße Duelle ...« – »... die neuen Piloten stehen ihren erfahrenen Konkurrenten in nichts nach ...« – »... Lucas B. Heaven kann gleich genau dort anklopfen, bei Petrus im Himmel …« – »… der Teufelskerl scheint einen Schutzengel zu haben …« – »… schafft Heaven es tatsächlich, diesem Rennen seinen Stempel aufzudrücken …«

Wie in einer Zeitlupe schlägt Lukes Auto wieder zurück. Um ihn herum scheint alles stillzustehen. Langsam sinken die Räder dem Boden entgegen, gehorchen der Schwerkraft. Ein Ruck geht durch das Cockpit, als der Wagen wieder auf allen vier Pneus landet.

»Gib Gas!«, schreit Jinks, die als Erste checkt, dass dieses unglaubliche Manöver gut gegangen ist. »Gib Gas!«, wiederholt sie und brüllt in die Boxengasse, als sei sie die Chefin des Teams. »Macht euch fertig, gleich kommt er rein und er *muss* wieder vor den anderen auf die Strecke.«

Nur dafür hat Luke das Risiko auf sich genommen. Genug Zeit für einen blitzschnellen Tankstopp gewinnen, dann wieder raus und das Rennen weiter von vorne dominieren.

»Wenn der mir heute nach Hause kommt«, knurrt Cecil Heaven, aber er feuert sofort ebenfalls die Techniker an.

»So sind die Heavens«, kommentiert Sophie das Geschehen. »Alles oder nichts.« Ihr Versuch, die Coole zu spielen, misslingt. Sie ist am Ende mit den Nerven und wendet sich ab, als Luke in die Boxengasse rauscht. Punktgenau stoppt er *Heaven Number Two* vor den wartenden Serviceleuten, die in wenigen Sekunden den Tank füllen. Luke starrt ungerührt geradeaus. Das Schild vor dem Wagen mit dem *Stopp*-Zeichen ist kaum aus seinem Blickfeld, als das Getriebe schon aufheult. Jetzt nicht überdrehen! Das Geschwindigkeitslimit in der Boxenausfahrt darf er auf keinen Fall auch nur den Bruchteil einer Sekunde überschreiten!

Links auf der Fahrbahn erahnt Luke die heranrasenden Konkurrenten. Es ist nicht der rote Wilder-Blitz. Jemand muss ihn nach der Schikane abgefangen haben. Einer der Lotuspiloten, die überrundet wurden, biegt ab, tankt ebenfalls. Dahinter liefern sich zwei andere ein Duell, um vielleicht vor den großen Tribünen mit den Logen und Plätzen der Luxusklasse ein spektakuläres Überholmanöver hinzulegen. Erst jetzt holt Preston auf. Irgendetwas muss schiefgegangen sein, ein Fahrfehler?

Preston steuert die Boxen an, allerdings wie eine lahme Ente. Er kommt drei Buchten oberhalb der Heavens zum Stehen. Der Anblick seines linken Hinterreifens ist ein Elend. Kraft- und luftlos folgt er den letzten paar Drehungen der Achse. Preston schlägt wütend auf das Lenkrad ein.

Ausgerechnet ein Reifenschaden! In dieser Phase des Rennens! Bei dem Werksteam eines Reifenherstellers!

Der Boxenstopp dauert eine gefühlte Ewigkeit. Natürlich wird Red Wilder seinem Sohn die Schuld geben und nicht seinen Reifen, die er doch speziell und nur für Prestons Wagen entwickelt hat. Preston verliert durch den langen Stopp drei weitere Plätze.

»Es wäre auch eine Sensation gewesen, wenn die beiden Neulinge die Plätze eins und zwei belegt hätten«, schicken die Lautsprecher Preston hinterher. »Wilder muss sich jetzt ins Mittelfeld einreihen, aber die unglaubliche Jagd des jungen Lucas B. Heaven nach einem Platz auf dem Siegerpodest, was sage ich, nach dem *höchsten* Platz, ist für sich schon ein Schlag ins Gesicht aller etablierten Teams.«

Wenige Runden später steht es fest: Luke sieht die schwarz-weiß karierte Flagge: Ziel. Erster. Sieg.

Die *Ultra Speedkidzz Challenge* hat einen neuen Star, aber das ist Luke nicht wichtig. Er fährt nicht Rennen, weil er ein Star sein möchte. Er will gewinnen. Er fährt für diesen Moment, wenn er als Erster die Zielflagge sieht. Er fährt für die Ehre der Heavens.

Heute jedoch ist es anders. Hinter dem Visier, das niemand Einblick gewährt, laufen Tränen über Lukes Wangen. Tränen der Freude, der Erschöpfung, sogar Tränen der Wut. Wut ist sein erstes Gefühl in diesem Moment. Warum das so ist – er könnte es nicht sagen. Alles geht durcheinander in ihm. Er kocht innerlich, er kann das Cockpit nicht verlassen, er steht schon zwei Minuten im Parc Fermé und von allen Seiten prasseln die Rufe auf ihn ein.

Endlich löst sich die Spannung. Luke sackt in sich zusammen, das Kinn sinkt auf die Brust, die Hände lösen sich vom Lenkrad. Einen kurzen Augenblick wirkt es, als sei der Fahrer zusammengebrochen. Stille. Die Presseleute, die Promis, die Mitglieder anderer Teams, die auf ein Statement des Senkrechtstarters warten, verstummen.

Ein Schrei holt Luke zurück in die Welt des Rennkurses. Luke erkennt Jinks' Stimme sofort. Sie wartet hinter der Barriere, direkt neben ihr steht Pat Wickham. Und ein großer dunkelhaariger Mann, der Luke freundlich anlächelt. Als der Fremde aus seiner Jackentasche eine Schachtel Zigaretten und Streichhölzer hervorholt, weiß Luke, dass er bei der Begegnung in der Garage keine Halluzinationen hatte.

»Hey, Mister!« Jinks stößt den Mann in die Seite. Das Päckchen Streichhölzer rutscht ihm aus der Hand und entleert seinen Inhalt auf den Asphalt. Mit hochgezogenen Augenbrauen mustert der Mann das Mädchen.

»Sorry«, sagt Jinks. »Rauchen ist hier verboten. Explosionsgefahr.«

Eigentlich kann Luke sich vor Erschöpfung nicht mehr auf den Beinen halten, aber der Ablauf für einen Sieger ist von den Organisatoren der *Ultra Speedkidzz Challenge* vorgegeben. Die Siegerehrung ist wie ein Rausch für Luke. Sie findet nicht mit Champagner statt, aber immerhin mit irgendetwas, das so aussieht und für eine gehörige Dusche der Fans und Teammitglieder unter dem Podium ausreicht.

Luke schüttelt die Magnumflasche, mit dem Daumen schiebt er den Korken millimeterweise hoch, bis er vom Druck der Kohlensäure aus dem Flaschenhals geschossen wird. Es haut den Stopfen im weiten Bogen mit einem *Plopp*, das wahrscheinlich bis in die Mission Road zu hören ist, in die Luft. Dort verfolgen die Anwohner und Fans Lukes Siegeszug im Pub gegenüber vom Haus der Fishermans. Der uralte Fernseher ist kaum von allen Zuschauern in dem proppevollen Raum zu sehen, weil er nicht nur klein, sondern auf einem Regalbrett über dem Tresen verschraubt ist. Wer nichts sieht, hört einfach nur den Kommentar des Reporters. Bei der Siegerehrung knallen überall die Korken.

»Ein Teufelskerl«, nuschelt Truman Harper aus der Änderungsschneiderei.

»Da is' Luke, Mama, Luke, is' im Färnseen«, brabbelt der kleine Melvin.

»Er ist eben ein Heaven, wie sein Großvater, ich sag's doch«, ereifert sich die alte Mrs Fisherman und rüttelt den Rollstuhl ihres Mannes Salomon dabei so sehr, dass diesem die wuchtige Brille von der Nase rutscht.

Sofort nach der Zeremonie schieben die Verantwortlichen der Rennserie, der Vorsitzende des Nationalen Rennverbands und ein paar andere Luke zur Pressekonferenz.

»Hä?«, krächzt der alte Fisherman. »Was machen die? Was passiert?«

»Luke spricht, sei still!«, erwidert seine Frau.

Nach ein paar einführenden Worten des Verbandschefs räuspert Luke sich. Die Zunge klebt ihm am Gaumen. Was soll er bloß sagen? Es ist alles so, so … Er kann nicht einmal klar denken, schon gar nicht Reden schwingen.

»Luke? Du bist dran.« Der Pressesprecher der USC zu seiner Linken stupst Luke an.

»Ja, ich weiß nicht, was ich sagen soll …«

Sofort prasseln die Fragen der Reporter auf ihn ein. Die Meute rückt, so nah es geht, an die Absperrung, die die Zuhörer von dem Podium trennt. Einige wedeln mit den Mikrofonen, ein Zeitungsmann reckt Luke ein kleines Aufnahmegerät entgegen.

»Bitte, Ladies and Gentlemen, bitte«, redet der Pressesprecher auf die Medienvertreter ein.

Als Luke die Stimme erneut erhebt, herrscht schlagartig Stille. »Das ist alles total verrückt hier«, sind seine ersten Worte.

In der Mission Road toben die Nachbarn schon bei diesem Satz vor Begeisterung. Ab jetzt kommentieren sie jedes Wort mit lautstarker Zustimmung, sodass immer wieder einer »Ruhe, man versteht ja nichts«, brüllen muss.

»Wenn einer gestern gesagt hätte, dass ich heute hier sitze ...« Luke kann die Worte nur schleppend hervorbringen. »Dann hätte ich wohl gesagt, er ist verrückt!« Schweißtropfen perlen von Lukes Stirn. Er spürt, dass er möglichst schnell von diesem Podium runter muss. »Ich muss mich wohl bei ein paar Leuten ziemlich doll bedanken.« Er zählt die Namen auf, nennt Jinks und ihren Onkel, bei dessen Erwähnung ein leises Raunen durch den Saal geht, seine Eltern, die Menschen in seinem Viertel zu Hause. »Ich hoffe, Sie sind nicht am Fernseher eingeschlafen, Mr Fisherman!«, scherzt er zum Schluss, was im Pub alle mit Lachsalven quittieren, außer dem Angesprochenen, der an seinem Hörgerät herumnestelt.

»Und jetzt muss ich mal pinkeln«, beendet Luke die Pressekonferenz, um den vielleicht schwierigsten Teil des Tages hinter sich zu bringen: die Dopingkontrolle, die es in den unteren Rennklassen bisher nicht gab.

»Gar nicht so einfach, wenn einer dabei zuguckt?!«, sagt Preston. Er ist, obwohl er nicht auf einen der ersten drei Plätze des Rennens fahren konnte, ebenfalls zur Kontrolle ausgelost worden. »Mann, herzlichen Glückwunsch!«

»Tja, konnte leider nicht auf dich warten«, grinst Luke.

»Das war echt eine heiße Nummer, die du da abgezogen hast.«

»Ohne deinen Reifenschaden hätte die Sache vielleicht anders ausgesehen.«

Preston schüttelt den Kopf. Sie wissen beide, dass Luke an diesem Tag nicht zu schlagen war. »Beim nächsten Mal werden die Karten neu gemischt.«

10.

Bei der Rückkehr in die Mission Road am Tag darauf wünscht sich Luke bloß eines: sein Bett. In den letzten achtundvierzig Stunden hat das Adrenalin seinen Körper überschwemmt und ihn so auf den Beinen gehalten. Zwar hat er im Lager in Coldstone schon ein paar wenige Stunden zu schlafen versucht, aber immer wieder haben ihn Erinnerungsfetzen, halb Traum, halb Wirklichkeit aufschrecken lassen.

Luke möchte auch jetzt nur noch unter die flauschige Daunendecke kriechen und eine Woche am Stück pennen. Die Strapazen des Rennens, das kalte Wasser der Nordsee, die Angst um Jinks, das alles fordert nun seinen Preis. Jeder einzelne Muskel seines Körpers jault bei der geringsten Bewegung auf. Plötzlich steigt der Wunsch nach einer randvollen Wanne mit heißem Wasser und einem von Sophies duftenden Badeölen in ihm hoch.

Nachdem sein Vater den alten Ford Transit mit dem Anhänger, auf dem Lukes Auto sicher festgeschnallt steht, durch das Rolltor bugsiert hat, erwartet ihn jedoch ein Empfangskomitee in der Einfahrt der Werkstatt. Eine lange Tafel mit weißen Tischtüchern und allem, was man für ein ordentliches Frühstück braucht, zieht sich über den ganzen Hof. Der Duft von gebratenem Speck, Rühreiern, Blaubeermuffins und Kaffee zieht Luke in die Nase und erzeugt augenblicklich ein freudiges Grummeln in seinem Bauch.

In der Mitte des Tisches thront eine dreistöckige Torte mit einem Rennauto aus Marzipan und einer einzelnen Kerze, die für den ersten Sieg in der *Ultra Speedkidzz Challenge* steht. Die Flamme flackert ein wenig im Wind. Ein paar Tropfen Wachs sprenkeln bereits seinen Namen, der die oberste Etage des süßen Kunstwerks ziert: LUCAS B. HEAVEN II.

Lukes Kinnlade sackt nach unten. Einen kurzen Augenblick herrscht Totenstille. Die Zeit scheint stillzustehen. Die Menschen, die Luke jetzt erst wahrnimmt, rühren sich nicht. Endlich bringt Luke einen Ton hervor, aber mehr als ein gehauchtes »Oh!?!« will noch nicht über seine Lippen kommen.

Wie auf ein Kommando stürzt die gesamte Nachbarschaft dann auf Luke ein.

Als Erster breitet Jinks' Onkel Mohinder die Arme aus. Selbst dem sonst so gesprächigen Inder fällt dieses Mal kein weiser Spruch ein. Unter seiner sonst milchkaffeebraunen Haut erkennt man noch die Erschöpfung und Sorgen der letzten Wochen. Er ringt die Hände, reibt sich die Augen und gibt den Tränen schließlich freien Lauf. Sie rollen über seine Wangen, als er Luke in die Arme schließt. Die Zeit in der Untersuchungshaft hat den kleinen Mann noch ein wenig schrumpfen lassen, so erscheint es Luke.

»Sie sollten Haftentschädigung beantragen«, sagt Truman Harper, wie immer zieht er dabei eine mürrische Miene. »Aber bis dahin schneidere ich Ihnen erst mal ein paar ordentliche Hemden und Hosen.«

»Was schneidet er ab?«, ruft Salomon Fisherman, der wie immer nur die Hälfte von allem versteht. Seine Frau erklärt ihm, das Mister Jangal durch den Brand seines Hauses doch alles verloren habe. »Ah, ja, ich erinnere mich«, murmelt Fisherman und vergisst das Gehörte im selben Moment. »Kommt der alte Lucas auch zum Fest?«, fragt Fisherman seine Frau, die nur die Augen verdreht.

»Sal, du alter Narr, Lukes Urgroßvater ist seit über siebzig Jahren tot«, antwortet sie geduldig. Ihr Mann erinnert sich besser an seine Jugend als an das Fernsehprogramm von gestern.

Während sich alle einen Platz an der Willkommenstafel suchen, bombardieren sie Luke auch schon mit ihren Fragen: Hat Wickham wirklich auf die Kids schießen lassen? – Wohin ist er geflohen? – Eine Hochseeyacht? Und … und … und …

Jinks muss die aufgeschürften Handgelenke, an denen sie gefesselt war, vorzeigen und ihre Entführung ebenfalls in jeder Einzelheit wiedergeben. Als sie von dem Sprung ins Wasser erzählt, wirft Mohinder Jangal entsetzt die Hände vors Gesicht. Er kennt die Geschichte von Jinks' Eltern.

Doch Jinks springt auf und schlingt die Arme von hinten um die Schultern ihres Onkels. Sie schmiegt ihre Wange an seine und drückt ihn fest. »Ich melde mich nächste Woche zu einem Schwimmkurs an!«, verkündet Jinks. »Ihr alle seid Zeugen, ich tue es!« Und sie schickt noch ein »Jepp!« zur Bekräftigung hinterher. Applaus brandet um den Tisch herum.

Nachdem Luke und Jinks die ganze Geschichte in allen Einzelheiten erzählt haben, können sie ein paar Happen von dem mittlerweile kalten Rührei essen.

»Eigentlich müsste Preston hier sein«, sagt Luke.

Jinks nickt still. Ein paar Bemerkungen von Preston sind ihr in den letzten Stunden nicht aus dem Kopf gegangen, überhaupt, sie kann es immer noch nicht so ganz glauben, dass er den ersten Start in der *Ultra Speedkidzz Challenge* aufs Spiel gesetzt hat, um sie zu befreien.

Luke scheint ihre Gedanken zu erraten. »Der würde sicher gerne direkt hier neben dir sitzen!«

Jinks knufft ihn in die Seite. »Wer diesen Ehrenplatz bekommt, bestimme immer noch ich.« Sie steht auf und lässt den Blick über die Runde schweifen. »Wo ist Pat?«

Patricia Wickham hat sich still in die hinterste Ecke verdrückt.

»Pat, komm schon, hierher!« Jinks platscht mit der flachen Hand auf den Platz neben sich, den Luke freimachen muss.

Pat setzt sich neben Jinks. Sie wird von den Bewohnern der Mission Road zurückhaltend, aber nicht unfreundlich begrüßt, erst recht, als klar wird, dass Pats Vater mit Sicherheit kein Einkaufszentrum an die Stelle ihrer Häuser und Läden klotzen wird.

»Und was wirst du jetzt tun?«, fragt Jinks sie, nachdem die meisten Gäste sich auf den Weg zu ihren alltäglichen Aufgaben gemacht haben. Nur die Fishermans sitzen noch am anderen Ende des Tisches und streiten darüber, ob der erste Lucas B. Heaven vor oder nach dem ersten Weltkrieg Champion geworden ist.

Pat zuckt die Achseln. »Die Anwälte haben bestimmt schon die Waschmaschine angeworfen, um Papas Weste reinzuwaschen. Du weißt doch, er trifft sich zweimal im Jahr mit dem Premierminister zum Mittagessen …«

»Bei dieser Sache könnte ihm selbst der Papst nicht helfen.«

»Oder er schippert gleich weiter zu seiner Ranch in Südamerika und besticht dort die Politiker.« Pat versucht ein Grinsen auf ihr Gesicht zu zaubern, aber es wirkt arg gequält. »Wir Wickhams sind eine alte Seeräuberfamilie, wusstest du das nicht? Wir finden immer einen Unterschlupf auf irgendeinem verlassenen Inselchen.«

Jinks würde ihr gerne einen solchen Unterschlupf anbieten. Auch wenn sie die Tochter eines hinterhältigen Mistkerls ist, gefällt Pat ihr. Dummerweise hat sie selbst kein Inselchen mehr und ist auf die Gastfreundschaft der Heavens angewiesen.

»Mach dir keine Sorgen, ich ziehe zu meiner Tante in den Norden. Die hat ein paar Hundert Schafe, da gibt's 'ne Menge zu tun. Määhäääähää!«

Die Mädchen fallen sich lachend in die Arme.

»Vielleicht hast du da ja noch einen Job für mich«, sagt Jinks beim Abschied. »Als Oberschaf oder so.«

Als ein paar Stunden später endlich Ruhe eingekehrt ist, sitzen die Heavens, Mister Jangal und Jinks am Küchentisch. Alle schweigen. Das Pfeifen des Wasserkessels reißt die Runde aus der nachdenklichen Stille.

Sophie Heaven nimmt den Topf vom Herd, gießt das kochende Wasser über die Teeblätter. Es ist ihre eigene Mischung aus Melisse, Lemongras und Minze. Ein paar Minuten später gießt sie reihum Tee in die Tassen, die vor jedem der Fünf auf der mit Sonnenblumen bedruckten Tischdecke aus Wachstuch stehen.

Am Platz neben sich sieht Luke eine sechste Tasse.

»Erwarten wir noch Besuch?«, fragt er und greift nach dem Becher mit der Werbung einer Tankstellenkette, um ihn wegzuräumen.

Er lächelt, denn die Tasse stammt aus einer lang vergangenen Zeit. Sie war ein Trostpreis, den jeder Starter seines allerersten Kart-Rennens bekam. Er hatte es nicht über die Vorrunde hinausgeschafft.

Sophie Heaven räuspert sich umständlich. Sie stellt die Kanne auf das Stövchen, dessen Teelicht flackert, als Lukes Mutter etwas zu heftig ausatmet. Sie knibbelt mit einem Finger an einer unebenen Stelle in dem Wachstuch, fragt in die Runde, ob jemand Zucker braucht oder Milch oder Zitrone. Alle schütteln dankend den Kopf.

»Ja, Luke«, Sophie holt noch einmal tief Luft. »Wir haben noch einen Gast«, flüstert sie fast.

Luke spürt, dass etwas nicht stimmt. Die letzten Tage, nein, sogar Wochen und Monate, waren so übervoll mit Ereignissen, die keinerlei Raum für etwas anderes gelassen hatten.

»Wir möchten dir jemanden vorstellen«, übernimmt Cecil das Wort, der bisher selbst für seine Verhältnisse ungewöhnlich still war. Er drückt sich mit beiden Händen vom Tisch hoch, als laste ein Felsbrocken auf seinen Schultern. Er geht zur Tür und öffnet sie.

Im Rahmen steht ein Mann. Er trägt einen guten Anzug aus blauem Cord. Sein schmales Gesicht wird von dichten schwarzen Haaren umrahmt. Die hohen Wangenknochen

ERWARTEN WIR NOCH BESUCH?
WIR MÖCHTEN DIR JEMANDEN VORSTELLEN ...
DAS IST CARL RODENBERG ... DEIN ... LEIBLICHER VATER.

geben ihm einen entschlossenen Ausdruck, der aber von der etwas kleinen Stupsnase ausgeglichen wird.

Luke erkennt ihn sofort. Es ist der Fremde, den er direkt nach dem Sieg in Coldstone neben Jinks gesehen hat. Als der Mann ihn begrüßt, erkennt Luke auch die Stimme. Die Gestalt in der Garage vor dem Rennen!

»Hallo, *mein Sohn*«, sagt der Mann.

Lukes Kinnlade sackt auf seine Brust. Er weiß nicht, was ihm die Gewissheit gibt, aber dieses *mein Sohn* ist keine Floskel, die dieser Mann einfach so dahinsagt. Die Tasse entgleitet Lukes Fingern und zerschellt auf dem Küchenboden. Pfeilschnell rasen seine Blicke von Cecil zu Sophie, zu Jinks und zu ihrem Onkel.

In Jinks' Augen findet er nur Unverständnis. Mohinder Jangal weiß Bescheid, das ist ihm anzusehen. Sophie laufen Tränen über die Wangen. Cecil zieht die Augenbrauen hoch.

»Das ist Carl Rodenberg. Er ist ... dein Vater«, flüstert Cecil fast und fügt noch leiser hinzu: »Dein leiblicher Vater.«

Luke braucht einige Zeit, bis er wirklich versteht, was seine Eltern, also Cecil und Sophie Heaven, ihm erzählen. Zuerst ist es ein Schock.

Er ist kein Heaven. In seinen Adern fließt nicht das Blut des legendären Lucas B. Heaven des Ersten. Er ist einfach nur Luke. Aber wer ist das?

»Einer der besten Rennfahrer seines Alters?«, schlägt Carl Rodenberg als Antwort vor.

»Der beste Freund, den es gibt!«, sagt Jinks.

»Der beste Sohn, den es gibt!«, meldet sich Cecil zu Wort.

»Das bleibst du, Junge, egal wessen Blut in deinen Adern